コンパクト版　保育内容シリーズ ⑤

音楽表現

谷田貝公昭 [監修]

渡辺厚美・岡崎裕美 [編著]

監修のことば

　2017(平成29)年に「幼稚園教育要領」「保育所保育指針」「幼保連携型認定こども園教育・保育要領」が改訂(改定)され、そろって告示された。2018年4月より実施される。

　今回の改訂は、3つの施設、すなわち幼稚園、保育所、認定こども園を、幼児教育施設として認め、学校教育の基礎を培う場として、小学校以上の教育とのつながりを明確にしたことが特徴といえる。

　それぞれの園で就学までに「知識及び技能の基礎」「思考力、判断力、表現力の基礎」「学びに向かう力、人間性等」の3つの資質・能力を育てることを求め、それらの資質・能力の表れる具体的姿として、10の姿を挙げた。

　(1) 健康な心と体 -(領域)健康
　(2) 自立心 -(領域)人間関係
　(3) 協同性 -(領域)人間関係、
　(4) 道徳性・規範意識の芽生え -(領域)人間関係
　(5) 社会生活との関わり -(領域)人間関係
　(6) 思考力の芽生え -(領域)環境
　(7) 自然との関わり・生命尊重 -(領域)環境
　(8) 数量や図形、標識や文字などへの関心・感覚 -(領域)環境
　(9) 言葉による伝え合い -(領域)言葉
　(10) 豊かな感性と表現 -(領域)表現

である。

　これらは、幼児期にすべて完成し、確実にできるようになるということではなく、子どもたちが育っている方向性を表しているとしている。換言すれば、保育者と小学校の先生が「幼児期の終わりまでに育ってほしい姿」を共有するということである。

本「コンパクト版保育内容シリーズ」は、全体的には「健康」「人間関係」「環境」「言葉」「音楽表現」「造形表現」の6巻構成とした。

　本シリーズが完成したことは、なんといってもそれぞれの巻を担当した編者の努力に負うところが大きい。記して御礼申し上げたい。

　編者には、先の3法令を踏まえ、目次を立て、各章でぜひ取り上げてほしいことについて、キーワードをあげる作業をお願いした。また、保育内容の授業は、それぞれ15回実施することになっていることから、15章立てとした。

　執筆者は、それぞれの研究専門領域で活躍している人たちである。しかしながら複数の共同執筆者による協力的な著作であることから、論旨の統一や表現の調整に若干の不統一は免れ得ないが、多方からの批判叱正をお願いしたい。

　本シリーズが保育者養成課程にある諸子や保育現場の諸方にとって、研修と教養の一助ともなれば、執筆者一同、望外の喜びとするところである。

　なお、巻末に、「幼稚園教育要領」(抜粋)、「保育所保育指針」(抜粋)をつけた。ご利用いただければ幸いである。

　最後に、企画の段階から協力推進していただいた一藝社の菊池公男社長、小野道子常務、そして、編集担当の藤井千津子さん、松澤隆さん、川田直美さんに、衷心より御礼申し上げる。

　2018年3月吉日

　　　　　　　　　　　　　　　　　　　　監修者　谷田貝公昭

まえがき

　本書は、将来、幼稚園や保育所、施設等で保育者として活躍しようと考える学生を対象として、保育内容「表現」の中でも特に音楽表現に関する内容をまとめたものである。幼稚園教諭および保育所保育士の養成機関で学生の教育に携わっている第一線の研究者が、その研究と教育の経験に基づいて各章を書き下ろしている。

　子どもの豊かな音楽表現は、生活のさまざまな場面で人との関わりを通して、また、子どもを取り巻くさまざまな出来事、あらゆる物との相互作用を通して、さまざまな形で芽生え、育っていく。それは、必ずしも多くの大人が「音楽」として認める芽生えとは限らない。しかし、そこには子どもが心に感じたもの、表現したいものが確実にある。

　こうした子どもの表現の芽生えや育ちに気づき、育む力が保育者には必要とされている。小さな表現の芽を大切に育み、枝葉を伸ばし、やがては自ら大きな木に成長していく力がつくようにする。これは、知識に裏付けられた保育者の専門性によってなされるものである。

　子どもの音楽的表現力をより豊かに育むためには、まず保育者自身が自らの感性を磨き、豊かな表現力を身につけることが大切である。本書では、それに必要な音楽的知識を学び、表現力を磨くための基礎的な内容をわかりやすくまとめている。

乳幼児期は、音楽的にも発達が著しい時期である。子どもの音楽的発達を正しく理解することも必要とされている。具体的な事例を示しながら、音楽的発達を見通した活動のあり方について解説している。また、身体表現活動についても、運動能力についての理解を促すよう心がけた。

　音楽は、子どもの生活のさまざまな場面に存在している。日本の伝統的な音楽や地域の音楽、子どもの歌の歴史、音楽と物語の融合等、子どもと音楽との関わりを幅広く捉えられるよう配慮した。

　またその意味で、本書は保育者を目指す学生だけではなく、実際に保育の場で活躍されている方々や、子どもを持つ親にとっても、子どもと音楽についての知識を深め、子どもと音楽を楽しむために活用することができる内容になっていると自負している。

　最後に、企画および編集にわたり常に協力推進していただいた一藝社の菊池公男社長および編集担当の松澤隆さんに対し、心より感謝申し上げたい。

2018年3月

編著者　渡辺 厚美
　　　　岡崎 裕美

もくじ

監修のことば 2
まえがき 4

第1章　幼児教育における音楽
第1節　音楽と幼児の音楽表現　9
第2節　表現と学び　12
第3節　領域「表現」と音楽　13

第2章　音楽的活動と他領域との関係
第1節　五領域と領域「表現」との関係　17
第2節　総合的表現としての音楽表現　20

第3章　乳幼児の発達と音楽的発達
第1節　乳幼児の発達の特徴　25
第2節　乳幼児の音楽的発達　29

第4章　代表的な音楽教育家とその理論
第1節　ダルクローズ　33
第2節　オルフ　35
第3節　コダーイ　36
第4節　シェーファー　38
第5節　ブラッキング　39
第6節　その他の日本の音楽教育に重要な音楽教育家　40
　　　　――ペインター、シュタイナー――

第5章　幼児と日本の伝統音楽

第1節　保育現場における日本の伝統音楽　41
第2節　実際の活動のために　45

第6章　子どもの歌の歴史と音楽教育史

第1節　明治以前の「子どものうた」　49
第2節　明治・大正の「子どものうた」　50
第3節　昭和・平成の「子どものうた」　52

第7章　音楽的活動の指導計画と評価

第1節　音楽的活動の指導計画の立て方　57
第2節　幼児の音楽的活動における援助のあり方　59
第3節　実践と評価について　61
第4節　指導計画例　62

第8章　歌う表現活動

第1節　保育者に必要とされる歌唱表現　65
第2節　歌唱法の基礎　66
第3節　実践　69
第4節　幼児への歌唱指導における援助　71

第9章　歌って遊ぶ表現活動

第1節　遊び歌の意義　73
第2節　遊び歌の種類　74
第3節　遊び歌の応用と展開　76

第10章　幼児の身体表現活動

第1節　領域「表現」における身体表現活動　81
第2節　身体表現活動の指導法　83

第11章　幼児と器楽

第1節　楽器と関わる身体　*89*
第2節　保育における器楽活動　*94*

第12章　音楽シアター

第1節　児童文化財としての音楽シアター　*97*
第2節　保育の中での実際　*100*

第13章　音楽と物語の融合

第1節　お話と音　*105*
第2節　お話の中の音楽　*108*

第14章　保育者に必要とされる音楽理論

第1節　基礎知識　*113*
第2節　音楽理論　*115*
第3節　音楽的表現力の必要性　*120*

第15章　ピアノ伴奏法の工夫

第1節　コード伴奏の基本　*121*
第2節　コードを用いた伴奏の演習　*125*

付録（関連資料）
　幼稚園教育要領（抜粋）　*130*
　保育所保育指針（抜粋）　*135*
監修者・編著者紹介　*143*
執筆者紹介　*144*

第1章 幼児教育における音楽

第1節 音楽と幼児の音楽表現

1 音楽とは

　音楽はさまざまな形でわれわれ人間の生活の中に存在する。コンサート会場で演奏される曲、音楽の授業で学習する曲、テレビで放送される曲、祭りの太鼓やおはやし（囃子）、駅のホームで流される曲等、われわれは実に多くの音楽に囲まれている。また、作曲者が明確な音楽だけでなく、音や拍節(はくせつ)等、音楽の要素もさまざまな場面で使われている。時間を知らせるチャイムや警告音、携帯電話の着信音にも音が使われている。

　音楽はわれわれの生活に潤いや活力を与える。音楽はわれわれの心に働きかけ、さまざまな感情を呼び覚ます。また、集団に一体感をもたらしたり、作業をするときにテンポ良く動く事を助けたりする。

　「音楽は音と静寂により構成されている」「音楽は音を主材として、思想や感情を表現する時間的芸術である」「音楽はメロディー、ハーモニー、リズムの三要素から構成されている」以上は、音楽理論書でしばしば目にする音楽に関する解説である。また、音楽理論書では音楽に使われる音を「楽音(がくおん)」、それ以外を「騒音」と記しているものもある。

　実際には、メロディーの無い音楽、ハーモニーの無い音楽、リズムの無い音楽は多く存在する。ある意味、音の無い音楽さえも存在する。アメリカの作曲家ジョン・ケージ（1912〜1992）は音が何も書かれていない『4分33秒』という曲を作曲している。演奏者はステージで4分33秒

間何も音を出さずに椅子に座っている。楽器の音は鳴らないが、その時間と空間を共有することを音楽としているのである。

　また、現代音楽やポピュラー音楽では、風や雨の音、クラクション等、楽器以外の音がしばしば使われている。つまり、どのような"音"もリズムも"音楽"になり得るのである。音楽を音楽とするのは、音楽を表現し、聴取するわれわれ人間だと言える。音楽の定義を広く捉え、人間にとっての音楽、自分にとっての音楽、そして、子どもにとっての音楽とは何かを常に問い続けていくことが大事である。

2　日本人の音楽性について

　子ども達に、豊かな「音楽性」を身に付けさせたいということはよく言われる。これまで、ある一定の音楽の演奏や聴き取りの能力に優れていることに対してのみ"音楽性"があると評価されることが多かった。しかし、音楽が多様であるのと同様に、音楽性も実に多様なのである。

　音楽性は、育った環境や文化、特に毎日話す言葉の影響を受ける。別宮貞徳（べっくさだのり）は『日本語のリズム──四拍子文化論』で、日本語の特徴としてどの音（音節）もほぼ同じ長さで発音されること、撥音（はつおん）、促音、長音も一つの音節として数えられること、二音節ずつが一つにまとめられて組み立てられること、適宜に間を入れて四拍子を指向することを挙げている。

　日本の子どもの音楽性は、このような日本語の特徴から大きく影響を受けている。日常接する「気をつけろ車は急にとまれない」などの交通標語は、拍節を伴って「きを　つけ　ろ　＿＿＿　くる　まは　きゅう　に　とま　れな　い　＿＿」（下線が引かれた文字列はそれぞれ１拍、文字が無い部分は間（ま）となっている）と唱えられる。幼稚園、保育所で一斉に挨拶をするときにも「いた　だき　ます　＿＿＿」や「こん　にち　は　＿＿＿」というように、4拍子の拍節は感じられる。われわれ日本人は、こうした拍節にのって応答する能力を子どもの頃から自然に身に付けている。

　また、日本語のアクセントは、高低アクセントである。われわれは、

高低2レベルの音を使い分けて発話している。子ども達が遊びの中で、言葉を拍節的に繰り返すことから、長2度音程のみで歌われる二音歌のわらべうたのような歌をつくり出す姿はしばしば見られる。

　また、幼稚園や保育所の生活には子どもが他者と音楽的に関わるための応答や挨拶、わらべうた等の慣習的なパターンが豊富にある。日本の子どもの音楽性はこのようなところからも育まれている。

3　集団の中での音楽表現

　音楽は、集団の中でさまざまな状況のもと、さまざまな方法で使用されている。音楽が使われることには、理由や目的、意味があり、それを音楽の機能という。メリアム（A. P. Merriam, 1923〜1980）は、『音楽人類学』で、以下の10の機能を示している。

①情緒表現　　　　　⑥身体反応を起こす
②審美的享受　　　　⑦社会規範への適合を強化する
③娯楽　　　　　　　⑧社会制度と宗教儀礼を成立させる
④伝達　　　　　　　⑨文化の存続と安定に寄与する
⑤象徴表現　　　　　⑩社会の統一に貢献する

　幼稚園・保育所での音楽の機能について考えてみる。「情緒表現」および「審美的享受」は、個々の子どもが心で感じるものであるが、表現することにより他者に伝えられ、共感され、共有されたときに、その集団にとっても意味あるものになる。「伝達」は他者の存在があって初めて成立し、子ども同士を結びつけるものである。「象徴表現」は、集団の中に共通認識があって成立する。「社会的規範への適合を強化する」に関しては、チャイムや保育者がピアノで弾く「おかたづけ」などが挙げられる。このように、音楽は集団の中で意味を持って使われている。

　従来の音楽教育観では、「審美性」が中心的に問われることが多かったが、表現を考えるとき、音楽のさまざまな機能を理解することは重要と言える。

第2節 表現と学び

1 表現とは

　津守真(つもりまこと)は、『子どもの世界の探求　保育の体験と思索』で「子どもの行動そのものが、子どもが心に感じている世界の表現である」と述べている。このように捉えると、子どもの行動や表現の一つひとつに目を向けることの重要性が理解できる。

　人間は生まれてすぐ、外界と向き合うこととなる。新生児は泣くことで自己の存在を示し、欲求を満たしていく。彼らは外界に向けて働きかけ、外界から答えを得ることから、外界を理解していく。しかし、外界は常に欲求を満たしてくれるものではない。欲求を満たすためには、内界の体制を立て直さなくてはならない。外界と自己との相互作用により、自己の内面の理解も深まってくる。外界に向けて表現することは、生きること、心身ともに成長することの基本的な部分を担っている。

　外界には、自然と他者である人間が存在する。多くの人間は、自然の中で自分ひとりだけでは生きていけない。従って、他者に向けての表現けは非常に重要である。『芸術による教育』の著者ハーバート・リード(H.E.Read, 1893〜1968)は、表現は「他者からの返答を求める提案」だと述べている。人が他者に向けて、他者からのフィードバックを求めて行動することが「表現」と捉えられる。「表現」が他者に受け入れられるということは、自己の存在が認められ、受け入れられたということに等しい。

　人は表現することから、自己の存在価値を確認し、生きていくものなのである。そして、子どもは、誰かに向かって表現し、それに対する答えを受け取ることで、自分が生きていることを実感する存在なのである。

2 学びの過程

滋賀大学教育学部附属幼稚園の研究グループは、遊びのなかで子どもが学ぶ過程には「心が動く→やってみる→なるほどとわかる→くり返す→やっぱりと納得する→次の生活に生かしていく」という流れがあると述べている。「学び」とは単なる技術の習得だけではなく、「ああそうだったのか、やった、わかった、できてうれしい」等の心の躍動を伴うものである。音楽表現に関しても、音や音楽などに心が動かされ、それが表現されたり、さらにより良く表現しようと、子どもが試行錯誤したりするところには、このような学びの過程が存在する。

第3節 領域「表現」と音楽

1 幼稚園教育要領に見る

(1) 領域「表現」と音楽

幼稚園教育要領において領域「表現」は、「感性と表現に関する領域」として「感じたことや考えたことを自分なりに表現することを通して、豊かな感性や表現する力を養い、創造性を豊かにする」領域である。この領域は芸術としての音楽や美術、演劇等を総括したものではない。また、授業科目のようなものでもなく、幼児の発達に即した「表現」についての領域である。「音楽表現」という面から領域「表現」を考えていく。

この領域での「音楽表現」は、音楽という一面からのみ捉えるのではなく、子どもの日々の成長過程の中で音楽が息づき、音楽によって感性が養われていくことを目標としたい。子どもが遊びの中で自ら音と関わったり、口ずさんだり、音楽に合わせて身体を動かしたりする姿に価値を見出すという姿勢が望まれる。

(2) ねらい

各領域には、「ねらい」が3項目ずつ掲げられている。

「(1) いろいろなものの美しさなどに対する豊かな感性をもつ。」

　　身の回りの楽しさ、美しさ、悲しさ、不思議さなどに心がときめき揺り動かされるというような繊細な感性が育まれることが望まれている。子どもの「心情」に注目し、その成長を細やかに支えていきたい。

「(2) 感じたことや考えたことを自分なりに表現して楽しむ。」

　　強く感じ、心が動かされたことは他者に伝えたくなる。保育者は、子どもが環境とかかわる中で生まれるさまざまな気持ちを自らの力で周囲の者へ伝え、表現したくなるという「意欲」が持てるよう配慮したい。

「(3) 生活の中でイメージを豊かにし、様々な表現を楽しむ。」

　　日々の保育の中で子どもは環境に関わり、さまざまな音楽体験をする。これらの経験が子どもの中にイメージを蓄積し、子どもは自らイメージを持って表現したいと思うようになる。このような能動的な「態度」が育まれるような保育者の援助が必要とされている。

以上は、それぞれ「心情」「意欲」「態度」であると説明されている。それぞれのねらいについては、各ねらいの後に「〜のような子どもに育てたい」と加えて捉えると理解しやすい。

(3) 内容

「ねらい」を達成するための「内容」として、8つの事項が示されている（ページの都合上、巻末に掲載した「幼稚園教育要領」第2章の「表現」の中の「内容」を参照されたい）。

「内容」は、「幼児が環境にかかわって展開する具体的な活動を通して総合的に指導されなければならないもの」とされる。「内容」はどのような活動かを規定するものではない。また「内容」は、到達目標のように捉えたり、一定の水準を設定したりするものではない。それぞれの「内容」については、各「内容」の後に、「〜ような経験をさせたい」と加えて捉えると理解しやすい。

(4) 内容の取扱い

「内容の取扱い」に関して3つの留意事項が示されている。

> (1) 豊かな感性は、身近な環境と十分に関わる中で美しいもの、優れたもの、心を動かす出来事に出会い、そこから得た感動を他の幼児や教師と共有し、様々に表現することなどを通して養われるようにすること。その際、風の音や雨の音、身近にある草や花の形や色など自然の中にある音、形、色などに気付くようにすること。
> (2) 幼児の自己表現は素朴な形で行われることが多いので、教師はそのような表現を受容し、幼児自身の表現しようとする意欲を受け止めて、幼児が生活の中で幼児らしい様々な表現を楽しむことができるようにすること。
> (3) 生活経験や発達に応じ、自ら様々な表現を楽しみ、表現する意欲を十分に発揮させることができるように、遊具や用具などを整えたり、様々な素材や表現の仕方に親しんだり、他の幼児の表現に触れられるよう配慮したりし、表現する過程を大切にして自己表現を楽しめるように工夫すること。
> → 「内容の取扱い」＜「表現」＜「第2章　ねらい及び内容」＜「幼稚園教育要領」

感動体験の積み重ねは、心を豊かにする。それを教師や友だちに伝え、表現し、共有することにより、感動はさらに深く大きくなる。このような体験が、子どもに豊かな安定した気持ちをもたらし、自分なりの創意を持って、さらに何かを表現しようとする意欲を高めていく。

2　保育所保育指針に見る

保育所保育指針にも、「幼児期の終わりまでに育って欲しい姿」が示されている。特に音楽に関係するのは、「豊かな感性と表現」で、「心を動かす出来事などに触れ感性を働かせる中で、さまざまな素材の特徴や表現の仕方などに気付き、感じたことや考えたことを自分で表現したり、友達同士で表現する過程を楽しんだりし、表現する喜びを味わい、意欲をもつようになる」とされている。基本的な考え方は、幼稚園教育要領の「表現」と同様と言える。

ねらい、内容については、乳児、1歳以上3歳未満児、3歳児以上児に分けて示されている。その中から音楽表現に関するものを見ていく。

(1) 乳児保育に関するねらい及び内容

　音楽表現に関わる記述は、「身近なものと関わり感性が育つ」である。身近なものへの興味や好奇心、気付きを大切にし、感覚の働きを豊かにし、表現する力の基盤を培いたい。

　「内容の取扱い」では、遊びを通して感覚の発達が促されることが望まれている。乳児期には、表情、発声、体の動きなどで、感情を表現することが多い。こうした表現をしようとする意欲を積極的に受け止め、活動を楽しむことから表現が豊かになるようにすることが期待される。

(2) 1歳以上3歳未満児の保育に関するねらい及び内容

　ここでは、感性と表現に関する領域「表現」が示されている。子どもの年齢や発達に合わせて記述は変わっているが、基本的な考え方としては幼稚園教育要領の領域「表現」とおおよそ同等と考えられる。

　「表現」の「内容」に関しては6項目が示されている（巻末を参照）。特に留意したい点は、「ねらい」にある「身体の諸感覚の経験を豊かに」という文言であるが、「内容の取扱い」示されているように、子どもが試行錯誤しながら表現を楽しむ、自分の力でやり遂げる充実感に気付く、達成感を感じられる、発見や心が動く経験が得られる、諸感覚を働かせることを楽しむ、このような環境を整え、援助することが望まれる。

(3) 3歳以上児の保育に関するねらい及び内容

　ねらいと内容に関しては、幼稚園教育要領の「表現」と同じであり、幼稚園指導要領の「表現」と同一の中身をもっていると捉えられる。

【参考文献】
滋賀大学教育学部附属幼稚園『遊びのなかの「学びの過程」―発達特性と教育課程』明治図書、2000年
小島律子、澤田篤子編『音楽による表現の教育』晃洋社、1998年
津守真『子どもの世界の探求――保育の体験と思索』明治図書、1985年
別宮貞徳『日本語のリズム――四拍子文化論』筑摩書房、1977年
アラン・P・メリアム、藤井知昭・鈴木道子訳『音楽人類学』音楽之友社、1980年
ハーバート・リード、宮脇理・岩崎清・直江俊雄訳『芸術による教育』フィルムアート社、2001年
Campbell, Shehan Patricia "Songs in Their Heads. Music and Its Meaning in Children's Lives" Oxford University Pres, 1998.

（渡辺 厚美）

第2章 音楽的活動と他領域との関係

第1節 五領域と領域「表現」との関係

1 五領域（幼稚園教育要領、保育所保育指針、幼保連携型認定こども園教育・保育要領）について

(1) 五領域とは

　幼稚園・保育所・認定こども園において、乳幼児の健やかな発達を目指す基本として、5つの領域から「ねらい」及び「内容」が定められている。

　具体的には、心身の健康に関する領域「健康」、人との関わりに関する領域「人間関係」、身近な環境との関わりに関する領域「環境」、言葉の獲得に関する領域「言葉」、感性と表現に関する領域「表現」である。幼稚園教育要領を例に挙げると、各領域に示すねらいは、生活全体を通じ、幼児がさまざまな体験を積み重ねる中で相互に関連をもちながら次第に達成に向かうものであること、内容は、幼児が環境に関わって展開する

図表2-1　五領域について

健康	健康な心と体を育て、自ら健康で安全な生活をつくり出す力を養う。
人間関係	他の人々と親しみ、支え合って生活するために、自立心を育て、人と関わる力を養う。
環境	周囲の様々な環境に好奇心や探求心をもって関わり、それらを生活に取り入れていこうとする力を養う。
言葉	経験したことや考えたことなどを自分なりの言葉で表現し、相手の話す言葉を聞こうとする意欲や態度を育て、言葉に対する感覚や言葉で表現する力を養う。
表現	感じたことや考えたことを自分なりに表現することを通して、豊かな感性や表現する力を養い、創造性を豊かにする。

出典：［幼稚園教育要領、保育所保育指針、幼保連携型認定こども園教育・保育要領、2017］より筆者作成

具体的な活動を通して総合的に指導されるものであることに留意しなければならないとされている。この視点は、他の保育所保育指針・幼保連携型認定こども園教育・保育要領に関しても類似した視座を有している。

(2) **保育現場における実際**

保育現場における保育・教育活動は、前述の五領域を軸としながらも、目の前の乳幼児に即して、生き生きと臨機応変に展開される。小学校以降の画一的な学習とは異なり、幼稚園・保育所・認定こども園では、公立・私立等によってさまざまな理念や保育・教育目標が打ち出され、個性豊かな指導法が実践されている。

保育現場における日々の園生活は、クラスを小単位としながらも、各学年での関わりや縦割りの異年齢交流等のさまざまな関わりの中で展開されており、そこでは、担任との信頼関係や愛着を寄りどころとしながら、子ども達は安心して生活できることが重要である。

また、保育現場では、移り変わる四季や節目を刻む園行事等、年間を通した指導計画に加え、月単位・週単位・日単位と、乳幼児の成長を促す為の保育・教育課程が立案される。

ある大学附属幼稚園での取り組みを一例に挙げると、保育・教育課程では、「幼児の姿」「ねらい」「内容」「環境の構成」「予想される活動・行事」「保育者の援助」「家庭との連携」という項目で構成され、年齢や月によって、それぞれ立案されている。そこでは、より良い幼児の発達を促すための実践計画が準備されている。またその中で、五領域がバランス良く取り入れられるよう配慮がなされている。

2　五領域における領域「表現」について

(1) **五領域における領域「表現」の位置づけ**

感性と表現に関する領域「表現」は、音楽のみならず、造形・身体表現等、幅広く乳幼児の表現を含んでいる。

図表 2-2　領域「表現」の内容

幼稚園教育要領 幼保連携型認定こども園教育・保育要領	保育所保育指針
	(1) <u>水、砂、土、紙、粘土</u>など様々な素材に触れて楽しむ。
	(2) <u>保育士</u>と一緒に歌ったり、手遊びをしたり、<u>リズム</u>に　合わせて体を動かしたりして遊<u>ぶ</u>。
(1) 生活の中で様々な音、形、色、手触り、動きなどに気付いたり、感じたりするなどして楽しむ。	(3) 生活の中で様々な音、形、色、手触り、動き、<u>味、香り</u>などに気付いたり、感じたりして楽しむ。
(2) 生活の中で<u>美しいものや心を動かす</u>出来事に触れ、イメージを豊かにする。	(4) 生活の中で<u>様々な</u>出来事に触れ、イメージを豊かにする。
(3) 様々な出来事の中で、感動したことを伝え合う楽しさを味わう。	(5) 様々な出来事の中で、感動したことを伝え合う楽しさを味わう。
(4) 感じたこと、考えたことなどを音や動きなどで表現したり、自由にかいたり、つくったり<u>など</u>する。	(6) 感じたこと、考えたことなどを音や動きなどで表現したり、自由にかいたり、つくったりする。
(5) いろいろな素材に親しみ、工夫して遊ぶ。	(7) いろいろな素材<u>や用具</u>に親しみ、工夫して遊ぶ。
(6) 音楽に親しみ、歌を歌ったり、簡単なリズム楽器を使ったりなどする楽しさを味わう。	(8) 音楽に親しみ、歌を歌ったり、簡単なリズム楽器を使ったりする楽しさを味わう。
(7) かいたり、つくったりすることを楽しみ、遊びに使ったり、飾ったり<u>など</u>する。	(9) かいたり、つくったりすることを楽しみ、<u>それを</u>遊びに使ったり、飾ったりする。
(8) 自分のイメージを動きや言葉などで表現したり、演じて遊んだりする<u>など</u>の楽しさを味わう。	(10) 自分のイメージを動きや言葉などで表現したり、演じて遊んだりする楽しさを味わう。

※下線部は異なる箇所を示す

図表2-2にある、領域「表現」の中でも、音楽に関する内容としては、「音楽に親しみ、歌を歌ったり、簡単なリズム楽器を使ったりなどする楽しさを味わう」等が目につくであろうが、それらの内容のいずれも音楽という表現を限定的にみているのではなく、表現を「総合的な表現」として捉えたものである。子どもの表現はいつも自由で、直感的で、素直であり、それを引き出す保育者の資質・能力と環境構成が重要であると言える。

(2) 領域「表現（音楽）」と他領域を関連させた実践例について

ここでは、保育現場における実践において、領域「表現」だけではなく、他の4領域にも関連させた、実践例について取り上げる。この実践例が、全領域とどのように関連しているのかを考えてみたい。

<実践例1>「ハロウィンパーティー」にみる五領域

〔実践の背景〕K幼稚園では、10月末に保護者を招いたハロウィンパーティーを予定している。年少から年長までのクラスごとに、お菓子の造形作品を制作し、お客さんをお迎えする。

〔もみじ組の様子〕年中のもみじ組では、折り紙でキャンディーを作ることになった。これから、保育者と子ども達が相談をしながら、商品を作っていく。また、当日は、子どもたちが魔女やお化けに仮装して、保護者と一緒に各クラスを訪れて回り、お菓子をもらいに行く。

〔五領域との関わり〕
○領域「健康」
　折り紙でキャンディーを作る際、いろいろな色を切り貼りすることでデコレーションをする。安全にはさみ等の用具を使い、友達と程よい距離で制作を行う。
○領域「人間関係」
　保育者や友達と一緒に相談しながら、ひとつのものを創り上げていく。その過程で、保育者の話や友達の意見に耳を傾けながらも、自分の思いも大切にして伝える。
○領域「環境」
　日本の子どもでは文化的に馴染みの少ない行事であるので、保育室の片隅にハロウィンに関する絵本を配置しておく。外国のハロウィンパーティーの写真や映像を見て、異文化を感じる。
○領域「言葉」
　お菓子をもらいに行く番の子ども達は、「Trick or Treat！」と言いながら、各クラスを回り、待っている番の子ども達は、「Happy Halloween！」と言ってお菓子をバスケットの中に入れる。日本語だけではなく、英語にも親しむ。
○領域「表現」
　作りたいキャンディーをイメージし、思い思いの色の折り紙を用いて好きなキャンディーを作る。保護者と一緒に制作した衣装を着て、自由に園内を楽しむ。

出典：〔幼稚園教育要領、保育所保育指針、幼保連携型認定こども園教育・保育要領、2017〕を基に筆者作成

第2節　総合的表現としての音楽表現

1　領域「表現」と音楽的活動

(1) 領域「表現」における音楽的活動について

　領域「表現」における音楽的活動は、園の教育方針や実践する保育者のねらい等によって、個性豊かに展開される。ここでは、その一例を紹介する。

　ペープサートとは、紙人形のことであり、お話や音楽の歌詞に即したものが描かれる、いわば、造形表現と音楽表現の融合でもある。このペープサートは、保育のあらゆる場面で実践の可能性を持っている。次のページで、音楽的活動に焦点を当てた実践の一例を示す。

<実践例2>ペープサートを用いた指導法

・歌を指導する前に、ペープサートを用いて歌に登場するものを見せ、子どもの想像力を膨らませる。
・歌に出てくる登場人物の表情などを、ペープサートを使って表現する。「この部分のとき、どんな表情をしてたかな？」とペープサートを見せながら聞く。子どもが「笑ってた！」と答えたら、「そうだね、笑顔だったね。みんなもこの部分の時、笑顔で歌ってみようか。」と応える。
・まずは、ペープサートを使って子ども達にどのような歌なのかを聞いてもらう。歌詞を物語のようにして、ペープサートで表現する。そこからもう一度歌を歌っていく。
・「ここは大きな声」というところであれば、大きな動物や大きな音譜などを作成しておき、子ども達が目で見て表現できるようにする。
・口を大きく開けて表情よく歌っている姿のペープサートと、口を小さく開けて表情も悪く歌っているペープサートを見せて「どっちが楽しそうに歌っているかな？」等の声掛けをし、「皆もこんな子のように口を開けて表情よく歌おうね。」と伝える。

（2点とも筆者提供）

(2) 保育現場における音楽的活動について

　乳幼児の日々の生活は、音や音楽であふれている。電車の音、木々のざわめく音、母親が食事を作る音、テレビから聞こえてくる音楽や保育現場で聴く音楽等、数えきれない。そのとき乳幼児は、五感を総動員して感じ取っている。そして、感覚器官より入った音や音楽は、「音体験」として積み重なっていく。よって乳幼児の「音体験」は、生活の内容と密接に関わっていると言える。また、乳幼児期は、周りのものから一方的に感受する受け身の時期であることから、幼児と音楽の関わりを考える前に、幼児を取り巻く環境の影響の大きさを無視することはできない。
　そのように考えると、乳幼児にとって、生活環境そのものが大切であり、起きている時間の多くを過ごす保育現場には、大きな責務があると

言える。また、「きく」ことを通して、乳幼児は豊かなイメージを描く。そのイメージに共感し、乳幼児が発する表現を共有できる保育者の資質が重要である。

　子ども達にとって、豊かな音楽経験とは、どのようなものか、また、そのような音楽経験を日頃の保育において保障出来る保育者とはどのような保育者であるのか。乳幼児の保育・教育は、環境を通して行われ、遊びを通じて展開されるものである。遊びは、乳幼児の生活の根幹であり、情緒的安定や知的発達も、すべて遊びを基盤として達成されていくと言っても過言ではない。また、音楽的な表現活動の基本もそこにある。子どもにとってはあくまで遊びの延長であるかもしれないが、何より純粋に楽しい・面白いという快の感情を伴うものであることが重要である。

　また、保育者は、音楽的活動を通して、子どもの表現やつぶやき、また表現にはならないけれども揺れ動く感情の機微を敏感に感じ取り、共感的に反応することで、音楽的な表現活動を展開していく力が求められる。音楽的活動は、保育者や友人と、音楽という媒体を共有する時間的空間的な世界の中で、感情や表現を交わし合う情緒的な取り組みなのである。

2　表現（音楽・造形・身体表現）の融合と総合的表現

(1) 表現の融合における意義

　保育現場における音楽的活動は、領域「表現」のみに留まらず、他領域とも関連しながら、子どもの生活の中にいきいきと展開される。その過程で音楽的活動は、造形や身体表現による表現と密接に関係している。

　幼児の発達における表現行動は、保育者や友人とのコミュニケーションや、自己認識などを引き起こす。総合的な感覚行動は、五感を通して保育生活の中で営まれる。そして、それと同時に、言葉も重要な役割を担う。言葉がイメージをさらに広げ、イメージが言語を具体化するなど、相互に関係し合うのである。乳幼児は本来的に、総合的な感覚と認識の相互作用を通して、自分づくりをしていると言えるのだ。

また本来、表現活動はあるひとつの領域から始まることはあっても、その領域だけに活動や表現が留まることはない。保育現場では、さまざまなねらいを持って、乳幼児の保育を実践するが、領域を意識せずにあえて意識的に領域を超えた保育を展開することは、乳幼児の心身の成長を促す上でも意義がある。また、それらの活動は、小学校への滑らかな接続の視点においても、総合的活動などで展開されていくであろう。

　前述の通り、幼児期の教育は「遊び」を通して行うことが前提とされ、幼児の表現する力は遊び中心の生活の中で豊かに育まれていく。この「遊び」から子どもの感性を育む豊かな発想や創造(イメージ)力を基盤とした表現活動が出来る保育者の資質が必要であろう。

　「遊び」と一言で言っても、乳幼児の遊びほど奥の深いものはないと言っても過言ではない。子ども達は、遊びを通して、自分自身や周りの空間そして人間と、関わり方の意味を探っている。遊びに玩具が必須ではなく、保育室の隅に置かれた楽器から身体遊びになることもあれば、一人の幼児の鼻歌からクラス全体の絵描き歌遊びに発展することもある。豊かな発想の中で、いつも表現は融合しながら形と可能性を変えている。

(2) 総合的表現としての実践例について ── 保育者の視点から

　ここでは、総合的表現としての保育における実践例を、音楽的活動を軸としてとりあげる。

　まずは、既成楽器ではなく、身近な生活用品から生み出される音を「聴く」時間を設ける。次に、さまざまな素材・奏法で出来た手作り楽器を提示する。これらを見聴きすることで、イメージや創造することの意欲を喚起する。子ども達は、これらの手作り楽器を触ったり、楽器の音色を出したりすることを通して、手作り楽器の面白さを感じ取っていく。

　次に、生活廃材を用いて、用意しておきたいくつかの備品(ビーズ、・ビー玉・おはじき・大豆・小豆・割り箸・はぎれ・フェルト・パック等)と文房具を用い、思い思いの手作り楽器を作成していく。その際、自然の素材を用いてもよいものとし、石や木の実、葉等、自分の足で探

して見つけたものを楽器の素材として活用するよう伝える。子ども達は、自らのイメージを元にして、それぞれの思いを持って楽器の制作を行う。

その後、幼児に馴染みのある童謡を1曲選曲し、その曲に合わせて各自が制作した手作り楽器を用い、以下のような表現をつける活動に展開していく。

- 旋律とリズムに合わせて楽器をリズム打ちする表現
- 旋律と旋律の間に、リズムを挿入的に奏でる表現
- 友人（グループ）との掛け合いにより、リズムを反復する表現
- 音楽表現と身体表現とを同時に行う表現
- 音楽表現と身体表現とを違う旋律の場面で行う表現
- 足でリズムを奏で、手で楽器を用いてリズムを奏でる表現
- ボディーパーカッションを取り入れた表現

以上のように、一人ひとりの手作り楽器を制作し、それを用いてひとつの音楽的作品を創るという過程は、造形表現と音楽表現と身体表現の総合的な表現であると言える。それらの表現は、造形表現を始まりとして、音を創造していく上で表現が展開されていく。その表現は、子どものイメージの世界が、楽器という媒体を用いて表出されるものである。

それらを用いて音楽表現と身体表現がなされる過程においては、一人ひとりの表現が友人の表現と融合し、それが重なり合うことで、新たな表現が生まれるという表現の連鎖や表現の広がりがみられることもある。

【参考文献】
厚生労働省『保育所保育指針＜平成29年告示＞』フレーベル館、2017年
文部科学省『幼稚園教育要領＜平成29年告示＞』フレーベル館、2017年
内閣府・文部科学省・厚生労働省『幼保連携型認定こども園教育・保育要領＜平成29年告示＞』フレーベル館、2017年
石井玲子編著『実践しながら学ぶ子どもの音楽表現』保育出版社、2017年
井口太編著『新・幼児の音楽教育』朝日出版社、2017年
小島律子他編著『音楽教育実践学事典』音楽之友社、2017年
小西行郎他編著『乳幼児の音楽表現』中央法規出版、2016年
無藤隆監修、吉永早苗著『子どもの音感受の世界』萌文書林、2016年

（立本千寿子）

第3章 乳幼児の発達と音楽的発達

第1節 乳幼児の発達の特徴

1 おおむね6カ月未満の発達の特徴

(1) 首がすわる

「母体」という世界から、「外」の世界へと環境が急激に変わった赤ちゃん。4カ月頃、首がすわることで姿勢が安定する。周りを見わたすことができるようになる。それにより、自分の周りの世界を認知しはじめる。

(2) 手足の動きが活発になる

生まれたばかりの赤ちゃんには原始反射が存在する。これらの反射は次第に力を弱め、生後4カ月頃に消滅する。それに代わり、目で見て手足を動かすというものに変化。こうした身体運動を繰り返すことにより、自分の世界を拡げていく。

(3) きずなが生まれる

「泣く」「笑う」ことにより、感情や自分の欲求を表現する。その中で、喃語が育まれていく。その声に大人が応えることで、絆ができ、愛着へと発展する。

2 おおむね6カ月から1歳3カ月未満の発達の特徴

(1) 歩くようになる

「這う」動きから「座る」ことができるようになり、手を自由に使えるようになる。さらに、「立つ」ことができるようになると、視線が高くな

る。少しずつ見える世界が広がることで、行動範囲も広くなる。

(2) **腕や指先を意識的に動かす**

行動範囲が広がることにより、「周りのもの」も「手の届くもの」になる。小さくつかみにくいものを、はじめのうちは五本の指を広げすくい上げる。これが次第に親指と人差し指を使って、指先でつまむ動きへと発達していく。大きさに合わせて手や指を使うことができるようになる。

(3) **人見知りが始まる**

自分の欲求に対して、指さしを行ったり、声を出したりすることで特定の人との信頼感が生まれる。その一方、知らない人に対しては恐れを抱き、「人見知り」をする。これは人を見分けることができたという発達の現れである。

3 おおむね1歳3カ月から2歳未満の発達の特徴

(1) **歩行の確立**

歩くことが楽しいという状態から、歩くこと自体が、いわば"自動化"される。「あの人のところまでいきたい」「あれをさわりたい」といった欲求が強くなる。こうして、歩くことが自発的なものになっていく。

(2) **手や指を器用に使う**

ティッシュをつまんで引っ張る、スプーンですくうなど手の機能がさらに発達する。クレヨンでなぐり書きもできるようになる。

(3) **言葉で気持ちを伝える**

大人の言うことがわかってくることで、自分の意思を伝えたいという欲求が強くなる。2つの単語をつなげて伝えることもできるようになる。

4 おおむね2歳の発達の特徴

(1) **基本的な運動機能の発達**

「歩く」「走る」「とぶ」などの動きが発達。ボールを蹴るなど運動遊びを行うことができる。体を動かすことを楽しいと感じるようになり、音楽

に合わせて体を動かし、踊ることもできるようになる。

(2) 自立が見られる

食事や衣服の着脱など身の回りのことを自分でしようとする。トイレを予告するようになり、大人に見守られながら、排泄（はいせつ）もできるようになる。

(3) 自己主張が始まる

なんでも独り占めしようとして、「いや」「じぶんで」などと自己主張をする。まだ他者の気持ちの理解や、言葉での気持ちの表現が不十分なため、手が出てしまい、けんかが起きてしまう。

5 おおむね3歳の発達の特徴

(1) 運動機能が高まる

「転がる」「ぶら下がる」「またぐ」「押す」「引っ張る」「投げる」「転がす」など、さまざまな動作を行うことができるようになる。さらには三輪車に乗るなど、自分の体をコントロールすることにより、ものを操作することができる。

(2) 生活習慣が身につく

食事や着替え、排泄などの生活習慣が少しずつ身につく。ひとりでできることが増えていくことにより、ひとり立ちが芽生えていく。「自分」という存在を認識することで、相手の気持ちを理解できるようになる。

(3) 遊びが発展

簡単なストーリーをイメージできるようになり、絵本などを楽しむことができる。経験したことを想像して遊ぶことができ、ごっこ遊びなどが発展する。

6 おおむね4歳の発達の特徴

(1) 全身のバランスをとる

手足が伸びてくることで、体がしっかりとしてくる。これにより全身のバランスが安定し、片足跳びや、スキップなどができるようになる。

また、手先も器用になり、右手・左手で違う動きをすることもできるようになる。

(2) 仲間や集団を意識

自己主張だけでなく仲間と行動をすることが楽しいと感じるようになる。それにより、けんかも増えて行くが、決まりやルールの大切さを知り、それを守ろうとする。

(3) 心のコントロール

感情が豊かになっていく中で、相手の気持ちを察することができる。そして、少しずつ自分の気持ちを抑えることや、我慢ができるようになる。仲間と行動することを通して、相手の気持ちを受け入れることができるようになる。

7 おおむね5歳の発達の特徴

(1) 基本的な生活習慣が確立

日常生活の流れを理解し、予測できるようになる。そのため、生活に必要な行動のほとんどを自ら行うことができる。さらには、自分のことだけでなく他者の面倒や、手伝いなどを行い、役に立つことを嬉しく感じるようになる。

(2) 目的のある集団行動

鬼ごっこのように、ルールのある集団遊びをすることができる。自分ひとりではなく仲間とともに、役割を守り目的を持った行動ができるようになってくる。

(3) 考える力が芽生える

これまでの「自分が中心」から、「仲間の中のひとり」という考えを持つようになる。それにより、自分の欲求を考えて言葉にする。けんかが起きた際、自分たちで解決できるようになるが、保育者のアドバイスが必要なときもある。

<母親の語りかけが大切──マザリーズ> 母親が赤ちゃんへの語りかける言葉はマザリーズと言われ、テンポがゆっくりで、抑揚が大きく、ピッチが高いなどの特徴がある。これはお母さんに限らず、周りの大人が乳児に対した時に自然に出てくる音声特徴である。このような語りかけに対し、赤ちゃんは声を出したり、手や足を

第2節 乳幼児の音楽的発達

1 胎児期

　受胎から5、6週で耳ができ、5カ月頃から聴神経が脳と結ばれて聴覚は完成すると言われている。赤ちゃんはお腹の中（なか）で、母親の心臓の音や血液の流れる音、母親の声、そして腹壁を通して外界の音や音楽を聞いている。母親の声は、母体内部を通って伝わる音声なので外界で聞く音声とは違うが、その声の抑揚の情報はお腹の赤ちゃんに届いている。

　赤ちゃんに語りかけをしたり心地良い音楽を聞かせることは、胎児にとって適度な聴覚刺激となると同時に、母親の情緒安定につながり胎教に良いとされる。

> ⇒胎児期の音楽活動のポイント
> ♪赤ちゃんに語りかけたり歌いかけたりしよう
> ♪心地よい音楽を聞かせよう

2 0歳児

(1) 誕生直後～1カ月　◎誕生直後の産声はおおよそ……

　産声（うぶごえ）は、自然呼吸によるリズミカルな音声である。泣くことによって、生理的不快（空腹や眠気）を表現している。誕生して間もなくから、母親の声を聞き分けているとされ、1カ月すると、人の声と物音の区別ができるようになる。

(2) 2カ月頃～4カ月頃

　赤ちゃんへ語りかける母親の言葉に対し、赤ちゃんは声を出したり、手や足を動かしたりして応答するようになる。「アー」「ウー」といった母音のみの声（クーイング）が出て、次第に、「バブバブ」のような子音を含む多音節からなる発声（喃語）に発展していく。母親や保育者など、そばにいる大人たちとのやり取りをとおして、喃語に抑揚やリズムがついて発声がより豊かになっていく。

　かしたりして応答する。これを「エントレインメント（引きこみ同調現象）」とよぶ。母親の語りかけのリズムと赤ちゃんの身体のリズムが同調することで、お母さんと赤ちゃんの間に相互作用が生じ、人間のコミュニケーションの始まりとされる。

3カ月頃から、音がする方に目を向けたり、身体を移動させるなど、音源を探す様子が見られ、だんだん音がするものを喜ぶようになるので、音が出るおもちゃや楽器と触れ合う機会をつくり、音への興味、楽しみが広げてあげたい。

(3) 5カ月頃～7カ月頃

喃語の発声はさらに豊かになり、声を出すことを楽しみ、感情を音声で表現するようになる。6カ月頃から、"いないいないばあ"のような言葉のリズムや抑揚の繰り返しを聞いて楽しみ、笑ったり身体を動かしたりして喜ぶ。手で触れたり投げたりして聞こえてくる音に興味をもつようになり、ガラガラなどの音の鳴るおもちゃを好む。

(4) 8カ月頃～12カ月頃

親や保育者の言葉・歌に興味関心をもち、盛んに模倣する。10カ月頃から、歌や音楽のリズムに反応し、手足を動かすなどリズミカルに体を動かすようになる。また、音の出るおもちゃや楽器に興味を示し、叩く、振るなど、音を出す活動が活発になる。

> ⇒0歳児の音楽活動のポイント
> ♪子どもと触れ合って表情豊かに声(歌い)かけよう
> ♪音が鳴るもので楽しもう

3　1歳頃

リズミカルな言葉や歌、それに合わせた振りを盛んに模倣して楽しむようになる。少しずつ言葉の意味を理解し始め、歌の一部を歌うようになる。また、「パンパン」と言いながら手を叩くなど、動作に合わせて音声を入れて楽しむようになる。腕や手の動きのおもむくままに、打楽器を打つことを喜ぶ。歩き始める時期で、歩きのテンポに合わせて声かけなどをすると、リズムの体感につながっていく。1歳半を過ぎると、音楽に合わせてスイングしたり、跳ねたり、足踏みしたりするようになって音楽への興味が増していく。

> ⇒1歳頃の音楽活動のポイント
> ♪まねっこ遊びをして楽しもう
> ♪リズムを体感できる音楽で触れ合おう

<子守唄>　子どもに語りかけているうちに、抑揚やリズムが合わさり、いつのまにか歌に発展していく。母親に抱かれ、肌づたいに聴こえる歌、揺らぎ。これが心の安定につながり、原始体験が形づくられる。このような経験の有無が、学童期から青年期になっても影響を及ぼすと言われている。

4　2歳頃　声域はおおよそ……

お気に入りの歌ができて、歌のワンフレーズを口ずさむ様子や、歌に合わせて踊るしぐさが見られる。歌声はメロディーらしくなるが、発音や音程、歌詞はまだ不明瞭である。簡易な楽器を持って遊んだり、打楽器を自由なリズムで打ったりして楽しむ。走る、跳ぶなどの運動機能が備わり、手指の動作も可能になるので、歌や音楽を合わせた遊びや動きができるようになる。

> ⇒2歳頃の音楽活動のポイント
> ♪わかりやすいリズムやメロディーの歌で楽しもう
> ♪音楽で体や指を動かして楽しもう

5　3歳頃　声域はおおよそ……

総合的な歌唱表現が徐々にできるようになり、手遊び歌やわらべうたに動作をつけて歌うことができる。音程、速さ、リズムなどは不安定だが、始めから終わりまで歌える子どもが多くなり、数人の友だちとは一緒に歌うことができるようになる。

音楽のリズムに同期することが可能になるため、リズムの打ち方が安定してくる。楽器への興味が深まり、歌いながら楽器を打ったりして、音楽のおもしろさを感じるようになる。

身近な動物や乗り物の動きを真似て動いたり、音楽を意識的に聴きながら身体を揺らしたり、ギャロップしたり飛び上がったり、歩いたり、走ったりするなど、音楽のイメージを感じて身体表現をするようになる。

> ⇒3歳頃の音楽活動のポイント
> ♪考えたり想像したりする音楽遊びをしよう
> ♪お友だちと一緒に音楽しよう

6　4歳頃　声域はおおよそ……

歌詞の意味を理解しイメージをもって歌えるようになる。声域が広がることで歌える曲が増える。新しい曲への興味が高まる。そして、友だちとそろって歌うことの楽しさや面白さを感じ取り、歌唱の世界を広げていく。

<楽器導入の時期>　4歳から5歳にかけて飛躍的に正確さが増していくので、楽器を扱うレディネスは整うと考えられる。発達順は、振って音を出す楽器→叩いて音を出す楽器→吹いて音を出す楽器で、リズム楽器が中心となる。打鍵楽器や大勢での合奏は、5歳から6歳にかけて取り入れていくことできる。

フレーズ、強弱、速度、音色などを感じる音楽的能力の芽生えとともに、手先の運動能力も高まり、楽器の操作がうまくなってくる。また、想像力とともに創造力も高まるので感じたことを表現する力が豊かになり個性が出てくる。

> ⇒4歳頃の音楽活動のポイント
> ♪みんなで楽しく歌おう
> ♪リズム楽器を取り入れた活動をしよう

7　5歳頃　　声域はおおよそ……

音程やリズムが正確になり、曲想にあわせて豊かな歌唱表現がみられる。歌のジャンルも広がり、いろいろな歌に興味をもつ。

正しいリズムが取れるようになり、楽器の持ち方や奏法についても正しく理解して演奏することができる筋力や調整力の発達が目立ち、スキップやギャロップなど音楽に合わせて動くことができるようになる。

> ⇒5歳頃の音楽活動のポイント
> ♪歌唱活動、器楽合奏によって豊かな音楽表現につなげていこう
> ♪総合的な音楽活動で表現を広げよう

【参考文献】

河原紀子監修・執筆『0歳～6歳子供の発達と保育の本』学研プラス、2011年
厚生労働省『保育所保育指針＜平成29年告示＞』フレーベル館、2017年
服部照子・岡本雅子編『保育発達学』ミルヴァ書房、2012年
松本博雄・常田美穂・川田学・赤木和重『0123発達と保育——年齢から読み解く子どもの世界』ミネルヴァ書房、2012年
武藤隆『発達の理解と保育の課題』同文書院、2012年
　　　　　　　　　　　　　　　　　　　　　（以上、第1節）

飯田秀一編『音楽リズム——表現の指導』同文書院、1998年
井口太編『新・幼児の音楽教育——幼児教育・保育士養成のための音楽的表現の指導』朝日出版社、2014年
石井玲子編『実践しながら学ぶ子どもの音楽表現』保育出版社、2009年
村上玲子・櫻井琴音・上谷裕子編『アクティブラーニングを取り入れた子どもの発達と音楽表現——幼稚園教諭・保育士養成課程』学文社、2015年
　　　　　　　　　　　　　　　　　　　　　（以上、第2節）

　　　　　　　　　　（第1節：小澤俊太郎、第2節：小澤和恵）

第4章 代表的な音楽教育家とその理論

第1節 ダルクローズ

1 ダルクローズ

ジャック＝ダルクローズ（Émile Jaques-Dalcroze,1865～1950）はオーストリアのウィーンに生まれ、スイスのジュネーブを中心に（ジュネーブ音楽院の教授も務める）活躍した作曲家、音楽教育家である。

2 リトミック

ダルクローズの最も大きな功績として、リトミックを考案したことが挙げられる。リトミックという日本の名称は、フランス語のラ・リトミック（La Rythmique）などから由来し、英語では、ユーリズミックス（Eu-rythmics）ともいうように「リズム」が重要となっている。

ダルクローズは、自分が教える音楽大学の学生が歌に合わせて自然に指揮をすると、その歌までが音楽性豊かに、生き生きとしてくることに気がついた。そこから、音楽を聴くことだけに頼らず、からだの動きと結合させることにより自己表現力を高められる教育法、リトミックを発展させていった。

本来のリトミックの教育は三つの柱、すなわち「リズム運動」、「ソルフェージュ教育」、「即興演奏」から構成されている。ソルフェージュとは楽譜から実際の音へ、またはその逆をすることで、両者を結びつけることである（シンプルに「楽譜をドレミで歌うこと」と考えてもよい）。

3　子どもの表現教育への発展

　音楽の三要素、「メロディ」、「リズム」、「ハーモニー」のうち、特に「リズム」は、からだの動きとも共通している。リズム感覚を豊かに発達させることは、子どもが元々持っている、自分自身を自由に表現したいという欲求を目覚めさせることにつながるとダルクローズは考えた。こうしてリトミックは、子どもの教育へ採用されるようになっていった。

4　日本における受容

　1909（明治42）年に、歌舞伎俳優の二代目市川左団次(さだんじ)（1880～1940）と、新劇の小山内薫(おさないかおる)（1881～1928）が、演劇の表現力の基礎練習として取り入れたのが、日本でのリトミック導入の始まりと言われている。1916（大正5）年に、作曲家の山田耕筰(こうさく)（1886～1965）と舞踏家の石井漠(ばく)（1886～1962）がつくった「舞踏詩」もリトミックを基礎としている。このように日本における初期のリトミックは音楽教育を主眼としたものではなかった。

　日本で幼児の音楽教育として実践したのは、小林宗作(そうさく)（1893～1963）である。1925（大正14）年頃から、「総合リズム教育」としてリトミックを紹介し、多くの幼稚園や日本全国で講習会を開いて、浸透、普及させていった。「おべんとう」など多くの子どもの歌を作詞した天野蝶(あまのちょう)（1891～1979）も、体育とリトミックを結合させたリトミックの実践を始めた。

　最初の幼稚園教育要領が編纂された1956（昭和31）年から1989（平成元）年の改訂まで、幼児教育の「ねらい」と「内容」は6領域であった。現在の5領域のうち、「表現」が「音楽リズム」と「絵画制作」であったわけだが、リトミックが「音楽リズム」の主要な役割を担うことになったのは自然なことであった。

第2節 オルフ

1 オルフ

カール・オルフ（Carl Orff, 1895〜1982）は、ドイツのミュンヘン出身の作曲家、音楽教育家である。1924年、舞踏家ギュンター（Dorothee Günther, 1896〜1975）と共に「音楽と舞踊のためのギュンター学校」を創始した。その後、バイエルン放送で5年間、子どものための音楽教育番組を担当したことで、世界中の音楽教育に影響を与えることになった。作曲家としての代表作は、世俗カンタータ「カルミナ・ブラーナ」であり、1曲目「運命の女神（O fortuna）」は映画の予告などでよく知られている。

2 オルフ・シュールベルクとオルフ・アプローチ

オルフの最も大きな功績としては、「オルフ・シュールベルク」をつくり上げたことが挙げられる。シュールベルク（Schulwerk）は英語に訳すとschool workとなり、オルフの教育用作品という意味になる。特に、子どものための音楽（Musik für Kinder）という副題のついた1から5巻までが子どもの音楽教育にとって重要である。

オルフの教育方法はオルフ・アプローチとも言われ、教育の理念は以下の4つにまとめられる。

(1) 母国語から始めること

子どもが日常的に話している言葉は、それ自体が音楽の根源である。また、子どもにとってもなじみやすいものであると考えた。

(2) 音楽と動きと言葉が一体であること

じっと動かずに座って歌うことは、子どもにとって不自然である。手拍子、足拍子、ひざ打ち、歩く、走る、跳ぶなど即興的に、またはある一定のルールの中で自由に表現することが基礎的な能力を身につけるのに最も効果的であると考えた。

(3) 即興的であること、楽譜ではなく模倣や問答を重要視すること

リーダーや先生と同じメロディ、リズムを「模倣」をすることから始まり、自由に即興する応答に発展していく。

(4) エレメンタール（根源的、基礎的、原始的）であること

「オルフ楽器」と呼ばれる打楽器を中心とした教育用楽器を開発した。これはひとえに「誰でも演奏できること」を重視したものである。打楽器は即興演奏に向き、そのときに使う音板だけを自由に取り外しできる木琴、鉄琴なども開発された。また、曲自体も「オスティナート」と呼ばれる同じリズムの繰り返しを多用している。

3　日本における受容

1962（昭和37）年、オルフはNHKの招きにより日本に来て、テレビ放映や全国で講演会を行った。一時は、日本の音楽教師の間でブームになり、その後も影響を与え続けている。

第3節　コダーイ

1　コダーイ

コダーイ・ゾルターン（Zoltán Kodály, 1882〜1967）は、ハンガリーのケチケメート出身の作曲家、民族音楽学者、音楽教育家である。1905年頃から作曲家、ピアニストのバルトークと共に当時の重い録音機を肩にかけて、ハンガリーの農村地を歩きまわり、多くのハンガリー民謡を収集した。それらはコダーイ自身の作曲にも、教育にも生かされた。

作曲家としては、劇音楽「ハーリ・ヤーノシュ」、オーケストラと合唱の「ハンガリー詩編」、合唱曲「天使と羊飼い」、「ジプシーがチーズを食べる」などがあり、日本においても吹奏楽や合唱でよく演奏されている。

2 コダーイ・システム（コダーイ・メソッド）

コダーイの音楽教育は、収集した民謡を元にしており、ソルフェージュと合唱に大きな影響を与えた。これらは「コダーイ・システム（コダーイ・メソッド）」と呼ばれ、以下の2つの特徴を持っている。

(1) ソルフェージュ教育の重視と移動ド唱法

コダーイの音楽教育は楽譜を読む能力が重視されている。しかし、初歩では五線譜は用いず、「ハンドサイン」と「レターサイン」が活用されている。「ハンドサイン」は階名を音符ではなく手の形で示し、「レターサイン」は階名をアルファベット1文字で示すものである。

また、ピアノ伴奏を用いず、「ア・カペラ」（a cappella：教会風に→無伴奏で）を原則とし、平均律（ピアノの調律のようにすべての音を等分に調律する方法）ではなく、純正律（単純な振動比によるもっとも調和する調律方法）の響きを目指している。リズム唱をするときは、日本の「タンタカタン」に似ている「Ta-titi唱」を使用し、これをレターサインと組み合わせた「トニック・ソルファ譜」と呼ばれる楽譜が使われる。また、ソルフェージュにおいては、インナーイヤー（内的聴覚）の訓練のために声を出さずに心の中で歌う「サイレント・シンギング」や先生が歌ったものを一小節遅れで模倣して歌うカノンなどが特徴的である。

(2) わらべ歌など自国の民謡・音楽を基礎とすること

コダーイの音楽教育はハンガリーのわらべ歌、民謡から始まる。コダーイは自著の中で、音楽の国民性を育てようと述べ、ハンガリーのわらべ歌は、ヨーロッパ諸国と共通するものもあるが、ハンガリー特有のものもある。そして、子どもが公園で遊ぶ様子には、すでにこの自国の特徴が表れていると述べている。子どもにとって最も自然な状態である、語り言葉のわらべ歌から音楽教育を始めようとしたのである。

3 日本における受容

1960年代、羽仁協子（1925～2015）らによって、コダーイ・システムが日本に紹介されたことから、1970年代まで、わらべ歌ブームが起きた。

学校の音楽科教育においても、移動ド唱法が基本とされ、歌唱共通教材においてもわらべうたがあり、ハンドサインを模したようなからだの動きと階名を組み合わせたものなどに影響がみられる。そして、音楽科教育における我が国の伝統音楽の再評価にも一役買ったと言えるだろう。

第4節 シェーファー

1 シェーファー

レーモンド・マリー・シェーファー（Raymond Murray Schafer, 1933～ ）は、カナダの作曲家、環境思想家、作家。日本では、マリー・シェーファーと呼ばれることが多い。

2 サウンド・スケープ

シェーファーの提唱した概念の中核をなすものが「サウンドスケープ（sound scape）」である。これは音の風景、聴覚的景観を意味する。サウンドスケープは「個人、あるいは社会によってどのように知覚され理解されるかに強調点の置かれた音環境」と定義され、自然の音、都市のざわめき、人工の音、記録やイメージの中の音まで、私たちを取り巻くあらゆる音を一つの風景として捉えることとされている。

音はただの物理的振動ではなく、社会の中で生活する人が聞いたとき、その音に様々な意味づけ、価値づけを行う（音の象徴性）。例えば、風鈴の音はある社会の人にとっては、清涼感を感じさせるが、別の社会の人にとっては雑音でしかない。音環境も一つの文化であるという視点に立つことがサウンドスケープの考え方である。

3 サウンド・エデュケーション

シェーファーは1992年、『サウンド・エデュケーション』を著した。これは、音に関する100の課題から成っていて、「聞こえた音をすべて書

きなさい」、「日常生活を音でつづる音日記をつけなさい」のような音探しからはじまり、「地域社会のシンボルとなるような音（サウンドマーク）を探しなさい」といった社会的な課題になり、最終的には街の音環境を自分でデザインするような課題に行きつく。シェーファーは、このような教育・啓蒙活動により、人々の音環境の美的感覚を磨き「聴覚文化の回復」を目指した。

4 日本における受容

1986年にシェーファーの『世界の調律』が日本語訳で出版されて以来、日本でもサウンドスケープの概念が知られるようになってきた。日本サウンドスケープ協会が発足し、研究活動も盛んに行われるようになり、教育にも取り入れられるようになってきている。

第5節 ブラッキング

1 ブラッキング

ジョン・ブラッキング（John Blacking, 1928～1990）は、イギリスの民族音楽学者および社会人類学者。ケンブリッジ大学で社会人類学を学び、卒業後は、シンガポールで教えたり、ピアニストとして活動したりしていた。その後、アフリカに渡り、アフリカの民族音楽研究のヒュー・トレイシーに協力する形で研究の道に進み、1956年から1958年まで、南アフリカ共和国の北トランスヴァールに住むヴェンダ族のフィールドワークを行った。その時の調査をまとめた『ヴェンダ族の子どもの歌』のほか、『人間の音楽性』、『人間はいかに音楽的か』などが代表的な著書である。

2 音楽は人間によって組織づけられた音響である

ブラッキングは「音楽は人間によって組織づけられた音響である」と定義し、人間の音楽性は、その社会や文化特有の関わりに依存するもの

であり、音楽性はそれ自体の言葉を持たないと提唱した。これは俗にいえば、音楽は世界共通の言語ではない、とも言い換えられるだろう。音楽は人間同士の相互の関係性（共通の認識）をもって、初めて相手に伝達することができるものである。ある文化や社会において音楽的であるものも、別の文化や社会においてはそうであるとは限らない。

例えば、私たちは、外国の音楽に感動したり言葉が通じない国に行った時でも音楽を通じてコミュニケーション、心の通い合いを体験したりすることもあるだろう。しかし、これらはたまたま相手と同じ関係性、音楽的な共通の認識を持っていただけで、文化と社会が異なれば、本来、音楽的な伝達は行われないのであるというのがブラッキングの視点となる。これらを踏まえ、クラシック音楽も含め、すべての音楽が民族音楽であるという視点をもたらしたことが、ブラッキングの最大の功績と言えよう。

第6節　その他の日本の音楽教育に重要な音楽教育家
── ペインター、シュタイナー ──

これら5名以外にも、例えばペインター（John Paynter, 1931～2010）は『音楽の語るもの』において子どもの主体性、創造性を重視する「創造的音楽学習」を提唱し、日本の音楽科教育にも影響を与えた。

また、シュタイナー（Rudolf Steiner, 1861～1925）は、"Erziehungskunst Methodisch-Didaktisches（教育術）"において「音楽家としての子ども」を表明し、自身が提唱する「オイリュトミー」という運動芸術の考えを応用し、3歳から4歳の子どもが踊りを好む傾向にあること、リズム優勢の考えを述べている。彼らの理論や手法は形を変え、現在の音楽教育に生かされている。

【参考文献】
E.J.ダルクローズ、板野平訳『リズム運動　リトミック教本』全音楽譜出版社、1970年
星野圭郎『オルフ・シュールベルク理論とその実際──日本語を出発として』全音楽譜出版社、1979年
コダーイ・ゾルターン、中川弘一郎編訳『コダーイ・ゾルターンの教育思想と実践』全音楽譜出版社、1980年
R.マリー・シェーファー、鳥越けい子ほか訳『世界の調律──サウンドスケープとはなにか』平凡社、1986年
J.ブラッキング、徳丸吉彦訳『人間の音楽性』岩波書店、1978年
野村幸治・中山裕一郎編著『音楽教育を読む──学生・教師・研究者のための音楽教育資料集』音楽之友社、1998年

（山本　学）

第5章 幼児と日本の伝統音楽

第1節 保育現場における日本の伝統音楽

1 伝統音楽について

　2018(平成30)年施行の幼稚園教育要領では、「第1章 総則」に「第2 幼稚園教育において育みたい資質・能力及び『幼児期の終わりまでに育ってほしい姿』」が新設され、その中の「(5)社会生活との関わり」「(9)言葉による伝え合い」「(10)豊かな感性と表現」に、横断的に関わってくるのが、本章で取り上げる幼児の日本の伝統音楽を通した活動である。

　同じく、「第2章 ねらい及び内容」の「環境」では、「内容」に「(6)日常生活の中で、我が国や地域社会における様々な文化や伝統に親しむ」が新設された。また、「内容の取り扱い」では「留意する必要」事項として、「(4)文化や伝統に親しむ際には、正月や節句など我が国の伝統的な行事、国歌、唱歌、わらべうたや我が国の伝統的な遊びに親しんだり(…中略…)することを通じて、社会とのつながりの意識や国際理解の意識の芽生えなどが養われるようにすること」と、わらべうたや伝統的な遊びについて言及されている（平成29年3月公示「幼稚園教育要領」より）。

2 わらべうたあそびと幼児

(1) わらべうたとは

　わらべうたとは、日本の伝承歌、子どもの民俗音楽である。大正期以降の作詞者・作曲家の創作による子どもの歌、第二次世界大戦後ラジオ

やテレビなどのメディアを通じて発信された歌と区別される。

尾見敦子は、わらべうたの意義について「わらべうたによって育まれるものは多岐にわたる。わらべうたは言葉、音楽、動き、遊びの一体となったものであるから、おのおのの発達を同時に促す。わらべうたは母語の語感、語彙、抑揚、ニュアンスを育てる。年中行事や季節、天気、動物、植物、数を扱った歌詞はそれらの知識を自然に学ばせる」と述べている（尾見、2001）。

幼児期におけるわらべうたは、歌うだけの活動ではない。ストーリーを演じるあそびであったり、お手玉、鞠つき、縄跳びなど動作・身体活動を伴うものであったりする。まさに領域を横断した活動なのである。

(2) わらべうたの分類

わらべうたを、歌詞による分類（町田・浅野、1993）、遊びの種類別の分類（小泉、1998）を参考にして、以下のようにまとめてみた。

図表5-1　わらべうたの分類

分類	小分類	うたの例　歌い出し
遊戯唄I 玩具を持ってする遊戯	手毬唄	あんたがたどこさ いちもんめのいすけさん
	お手玉唄	いちばんはじめはいちのみや
	羽子付き唄	いちじくにんじん　→譜例1
子守唄	眠らせ唄	ねんねんころりよおころりよ（江戸の子守唄）
	遊ばせ唄	いっぽんばしこちょこちょ
天体気象の唄	風・雨・みぞれ・雪など	おおさむこさむ　→譜例2
	夕焼け・月など	十五夜さんの餅つきだ
動物植物の唄	雀・かたつむり・蛍・こうもり・鳥	でんでらりゅうば
	土筆・桃・グミなど	ひらいたひらいた　→譜例3
歳事唄	正月・彼岸・盆など年中行事	お正月はええもんだ
	七草・鳥追い	ななくさなずな
遊戯唄II	縄跳び	ゆうびんやさんおとしもの
	かくれんぼ	もういいかいまあだだよ
	関所遊び	とおりゃんせ　→譜例4
	子取り	ことろことろ
	鬼遊び	ことしのぼたん
	手合わせ	おてらのおしょうさん
囃し唄	唱えことば・囃しことば	ちょちちょちあわわ

（筆者作成）

【ワーク1】
＊知っているわらべうたがありますか？
＊知っているわらべうたを分類に当てはめてみましょう

(3) わらべうたあそびの教育的意義

①わらべうたあそびのメリット

わらべうたあそびについて、畑玲子は以下のようにまとめている (1994)。

- 母子のぬくもりをもっている
- あそびの中から生まれたので、あそびから学び取ることが多い
    - ▶ あそびのルールを守る
    - ▶ 協力する
- わらべうたには、あそびの動作が付いているので以下のような学びがある
    - ▶ 判断力敏捷性(びんしょうせい)を養う
    - ▶ 語彙を増やし発音を明瞭にする
    - ▶ 前後・左右などの位置関係や方向感覚を養う
    - ▶ 他者や、他の立場への思いやりを持つ

また、音楽的特徴について、以下のように述べている (畑、1994)。

- わらべうたのメロディは、少ない音と、狭い音域でできている
- わらべうたは本来、無伴奏のうたである

【ディスカッション】
＊わらべうたあそびのメリットを自分でも具体的に考えてみましょう
例1) 1対1の養育者・保育者と子どもが向き合ってふれあい遊びができる
例2) 遊びでは、応答したりオニを交替したり追いかけっこをしたりするので社会性が養われる、など

②幼小連携のために

幼稚園・保育所から小学校への滑らかな幼小接続のため、幼児教育と小学校教育との連携はさかんに問われる課題である。幼小接続を意識した研究を進めてきたお茶の水大学附属小学校では、入学時に教育課程を「ことば」「かずとかたち」「からだ」「なかま」という領域概念で構成している。わらべうたあそびは「ことば」「からだ」「なかま」の領域を包括した活動であるとして重視し、朝の集まり、国語、体育、生活科と関連して教科横断的な取り組みを展開している。そのためには幼児期に保育の中のわらべうたあそびの体験を十分に積み重ねていることがのぞましい。

3　伝統楽器と幼児

　地域の祭礼や季節の行事、小・中学生との交流の中で、幼児は、興味を持って和太鼓やおはやし（囃子）を耳にしたり目にしたりする。幼児が参加できる活動として、地域において募集される場合もあるが、本章では幼稚園・保育所の中での日本の伝統楽器を使った活動を想定する。

(1) 伝統楽器について

　伝統楽器の中でも和太鼓は、子どもたちにとって身近な存在になりやすい。ハリのある大きな音で、演奏するさまも全身を使うので憧れを抱く。幼稚園や保育所で和太鼓などを所有している場合は、運動会や合奏、祭りなどの行事において効果的に用いられる。また、季節ごとに玄関ホールなどに置き、子どもが登・降園の際などに興味を持つようにすると、そのつど叩き方を教え、気をつけて大切に取り扱うよう、楽器を用いた活動の導入とすることもできる。小中学校との交流音楽会や、園外から演奏者を招いての鑑賞の機会や、一緒に演奏したりする機会をつくることもできる。

(2) 伝統楽器遊びの教育的意義

　楽器遊びについては、『幼児教育ハンドブック』（お茶の水女子大学子ども教育研究センター）に、下記のような教育的意義が挙げられている。

　　○感じたものや感じたこと、その時の気持ちなどをリズムで表現し表現力が豊かになる。
　　○自分で楽器に触り、音を出して遊びながら、音の違いを感じ取ったり、表現したりすることを通して、音に対する感覚を育てる。
　　○素材の持つ性質の違いによって音がちがうことに気づき、いろいろな物を使って音を出すことを試みながら、創意工夫する態度や美的感覚が培われる。

　伝統芸能や伝統楽器は、長い年月人々の暮らしのそばにある行事などとともにさまざまな形で演奏され演じられ伝わってきたものである。長く伝わってきたものは、つまり、現代においても評価され、未来に受け継がれるべき大切なものであると言える。

家族のあり方が多様化している今、家庭と地域とのつながりは必ずしも密接ではない。子どもが、保育現場で日本の伝統楽器に触れる良質な経験をすることは、地域の伝統楽器を用いたお囃子や、伝統芸能を身近に感じ、自分の地域の、ひいては自国の文化に気づく機会として重要になる。

　幼児教育において、自国の文化を深く知り、世界の他国の伝統や文化に敬意を払う気持ちが芽生えるようにすることは大切である。世界的にも歴史的にも、音楽にはダイレクトに言葉にならないアイデンティティを伝え合う力があるからである。

第2節　実際の活動のために

1　保育者のためのわらべうた応用編

(1) わらべうたレパートリーづくり

　わらべうたは、日本全国に多数存在し、各地方の言語のイントネーションによってふし回しや歌詞に違いがある。また「お寺のおしょうさん」のように時代とともに「東京タワーにぶつかって」などの歌詞が付け加えられるなど、時代とともに変化してきている。

　つまり、伝承歌の特性としてわらべうたには厳密な正解がなく、緩やかで曖昧な部分がある。日本全国に無数にあるわらべうたについて調べ、レパートリーをつくるとともに、保育者自らわらべうたを創作することもできる。

【ワーク2】
　＊どのようなわらべうたにどのような遊び方があるか調べて、レパートリーを増やそう
　＊自分の住んでいる地域のわらべうたを調べよう
　＊ハガキサイズのアルバムを使って、自分の「わらべうたブック」を作ろう

(2) わらべうたの創作

わらべうたには、古いうたばかりではなく「これくらいのお弁当箱に」のように、現代に創作された遊び歌もある。

わらべうたのあの独特のふしは、西洋音楽の長調・短調と異なる、日本の伝統音楽の音階に則ってできている。保育者は日本固有の音構造を知ることによって、子どもたちとともに、わらべうたの歌詞だけでなくふしを創作したり合奏したりすることが可能になる。

日本の伝統音楽の音階構造を、小泉文夫（1927 ～ 1983）は民謡調査をとおして4種類の音階に整理した。基本テトラコルド理論という。ここでは、無伴奏で任意の高さから歌う場面を想定し、4種の音階を階名（移動ド）で表し、以下のような表にまとめる。

図表5-2　4種の音階を階名（移動ド）で表した場合

	階名	例	歌詞歌い出し	階名歌い出し
民謡音階	ラドレ／ミソラ	八木節	ちょいと出ました 三角野郎がアア	ミソミ　ソラララ ソララソ　ミミレドラ
都節	ミファラ／シドミ	さくらさくら	さくらさくら	ララシララシ
律音階	レミソ／ラシレ	君が代	君が代は	レ（ド）レミソミレ
沖縄音階	ドミファ／ソシド	てぃんさぐぬ花よ	てぃんさぐぬ花や	ミミファミ（レ）ドシドド（レ）

(筆者作成)

【ワーク3】
＊上記の音階構造で遊び、わらべうたを創作してみよう
　例1）音階にリズムをつけて うたのように上行・下行して歌ってみよう
　例2）部分的に繰り返すなどヴァリエーションをつけて節を飾ってみよう
　例3）音階の中の音を使ってピアノや低音のトーンチャイムなどを使ってドローン（決まった音のパターンの繰り返し）で伴奏をつけてみよう

2 伝統楽器を使用した活動のために

図表5-3 和太鼓(長銅太鼓)の活動例

<日頃の子どもたちの姿>
・体の部分を叩くリズムエコー遊びを、保育者と子どもたちとの間で行っている。
・身近にあるものや楽器でリズムエコー遊びを行っている。
・小・中学生と交流音楽会などで演奏を聴いたことがある
・園では折にふれ和太鼓が出してあって、興味のある子は登・降園の際に園長先生に叩かせてもらうことがある。
・年長クラスになると和太鼓を使った活動をホールで行う。
・子どもたちはその活動に参加できるようになることを楽しみにしている。

	子どもたち	保育者	留意点
<導入> 和太鼓の音を聴く活動	ホールの真ん中に和太鼓が設置してある 思い思いに床に寝そべって音の伝わりを感じてみる お腹に響く 床の振動を感じるなどと口々に感想を言う	「全身で音を聞いてみよう」と声をかける ハリのある音で叩いてみせる	・自分が(叩くときに力が入りすぎて)痛くならない ・おともだちが痛くならない(人を叩かない) ・耳が痛くならない(大きすぎる音を出さない) ・楽器が痛くならない(楽器は丁寧に扱う)
	保育者が叩く様子を見ている	叩く場所によっていろいろな音がすることを見せる	
和太鼓を叩く活動 その1	順番に一人一人叩いてみる	一人一人順番にバチの持ち方、叩く姿勢を教え、全員叩いてみる 全身を使って叩くよう声をかける	
和太鼓を叩く活動 その2	2列になって待つ。 順番にリレーのように走ってきて4拍♩♩♩♩叩く。 片側の子どもが叩き終わったらすぐ反対側の子どもが叩く。 以降、交互に叩く。	言葉による指示はなるべく少なく、拍子を締め太鼓でさりげなくキープする	
応用・展開	身の回りのものを楽器にして(ストローや草笛)和太鼓と合奏する		

(筆者作成)

[資料] 譜例5-1
いちじくにんじん

譜例5-2
おおさむこさむ

譜例5-3
ひらいたひらいた

譜例5-4
とおりゃんせ

【参考文献】
尾見敦子「わらべうたの教育的意義」『川村学園女子大学研究紀要』12（2）、2001年、pp.69-89
小泉文夫『子どもの遊びとうた』草思社、1998年
畑玲子『幼稚園・保育園のわらべうたあそび』明治図書出版、1994年
藤田浩子『あそべやまんば――藤田浩子の遊び』（第1～第3集）むかしあそびの会、2007年、2009年、2011年
町田嘉章・浅野健二『わらべうた――日本の伝承童謡』岩波書店、1993年

幼稚園教育要領 比較対照表 - 文部科学省
www.mext.go.jp/component/a_menu/education/micro.../1384661_3_1_1.pdf（2017.10.15最終ダウンロード）
5-5 音楽活動の指導：歌やリズムに親しむための活動 - お茶の水女子大学
www.ocha.ac.jp/intl/cwed_old/eccd/report/hand_J/2_5-5.pdf（2017.10.15最終ダウンロード）

(小畠エマ)

第6章 子どもの歌の歴史と音楽教育史

第1節 明治以前の「子どものうた」

1 わらべうた

「わらべうた」は18世紀頃から盛んに歌われるようになったといわれ、子どもたちが遊びなどの生活の中で口伝えに歌い継ぎ、つくり変えてきた歌である。あそびの中で伝承される性質をもち、子どもの民謡といえるものである。「わらべうた」には自然現象や民俗行事に関するもの、そして、あそびうたなどがあり、さらに、あそびうたには、鞠つき、縄跳び、お手玉、鬼ごっこ、絵かきうた、羽根つき、お手合せ、じゃんけん、おはじき、はやしたてる歌、数え歌、しりとり歌、早口歌、唱えうた、などと分類されることもある。旋律形は跳躍音程が少なく、リズム形も等拍を基準に構成されている。音域およびその高さは通常の会話とほぼ同じくらいであり、子どもたちにとって歌いやすく、また、歌に合わせて自然に身体を動かし、生き生きと表現できるものであるといえる。

2 保育現場で歌い継がれている代表的なわらべうた

今日の保育の現場で歌い継がれている代表的なわらべうたは、**図表6-1**のようなものがある。

図表6-1

あがりめさがりめ いちもんめのいすけさん おちたおちた げんこつやまのたぬきさん たけのこいっぽんおくれ とおりゃんせ ぼうがいっぽんあったとさ	ああぶくたった 一本橋こちょこちょ おちゃらか こどもとこどもがけんかして だるまさん なべなべそこぬけ	あんたがたどこさ おしくらまんじゅう おてらのおしょうさん 十五夜さんのもちつき ちゃつぼ はないちもんめ	いちにのさんのにのしのご おせんべやけたかな かごめかごめ ずいずいずっころばし ちょちちょちあわわ ひらいたひらいた

(筆者作成)

第2節 明治・大正の「子どものうた」

1 唱歌の始まり

　1872（明治5）年学制発布の際、教科として「唱歌」が誕生した。しかし、「下等小学校における教科『唱歌』當分之ヲ缺ク」とされ、実践されることは少なかった。

　実際には、「唱歌」として「保育唱歌」が東京女子師範学校附属幼稚園開園により作成され、続いて1881（明治14）年に「小学唱歌集」初編、「唱歌掛図」初編が刊行、「幼稚園唱歌集」の編集も開始した。その後、「明治唱歌集」「中学唱歌集」「地理教育鉄道唱歌集」なども誕生した。

　この頃の歌唱曲としての「唱歌」は、歌詞の内容が子どもの生活とは結びつきにくく「徳性の涵養」のための傾向が強かったといえる。当時それまでの歌詞は文語体が多かったが、言文一致運動と共に唱歌も言文一致となり、子どもの話し言葉に近い口語体の歌詞となっていった。この頃の旋律は、ヨナ抜き音階で作曲されているものが多かった。

　その後もたくさんの「唱歌」のための教科書が出現するが、他の教科の教科書が国定化される流れの中「唱歌」の教科書の国定化が遅れていることを文部省は懸念し、東京音楽学校のメンバーを中心として「唱歌」の作成をはかった。これが、いわゆる「文部省唱歌」である。

　これらの「唱歌」の中には、現在学校教育における「共通教材」として歌い継がれているものも多くある。文部省唱歌は当時作詞作曲者が明記されていなかったが、現在では一部作詞作曲者が判明し、明記されるようになっている。

　現在も歌い継がれている「唱歌」には**図表6-2**のようなものがある。

図表6-2

	作詞者	作曲者
さくらさくら	日本古謡	日本古謡
うさぎ	日本古謡	日本古謡
夏は来ぬ	佐佐木信綱（1872～1963）	小山作之助（1864～1927）
うさぎとかめ	石原和三郎（1865～1922）	納所弁次郎（1865～1936）
お正月	東くめ（1877～1969）	滝廉太郎（1879～1903）
ふじ山	巖谷小波（1870～1933）	文部省唱歌
春が来た	高野辰之（1876～1947）	岡野貞一（1878～1941）
虫の声	文部省唱歌	
われは海の子	文部省唱歌	
かたつむり	文部省唱歌	
雪	文部省唱歌	
紅葉	高野辰之	岡野貞一
茶摘	文部省唱歌	
村祭	文部省唱歌	
春の小川	高野辰之	岡野貞一
こいのぼり	文部省唱歌	
冬景色	文部省唱歌	
朧月夜	高野辰之	岡野貞一
故郷	高野辰之	岡野貞一
うみ	林柳波（1892～1974）	井上武士（1894～1974）
たなばたさま	権藤はなよ（1899～1961）林柳波補作	下総皖一（1898～1962）
おうま	林柳波	松島つね（1890～1985）

（筆者作成、以下の表全て同じ）

2 「赤い鳥」「金の船」大正期童謡運動

　大正期（1912～1926）に「子どもによい詩を聞かせたい」「子どものために詩をつくろう」という考えが生まれ、鈴木三重吉（1882～1936）が雑誌『赤い鳥』を創刊すると、同じような考えを持った西條八十（1892～1970）、北原白秋（1885～1942）らの詩も掲載されるようになった。これが大人が子どもに向けて創作した芸術味豊かな歌謡「創作童謡」、「文学童謡」といわれるものである。つまり、「童謡」（創作童謡）は児童雑誌『赤い鳥』の創刊によって誕生したといえる。この雑誌に掲載された童謡には当初、曲（旋律）は付いていなかったが、それらの「詩」を繰り返し楽しむ方法として旋律が付けられるようになった。創刊年の11月号に西條八十の童謡詩として掲載された『かなりや』に、成田為三（1893～1945）作の楽譜を付けて翌1919（大正8）年5月号に掲載されたものが、メロディーのある「創作童謡」の最初のものである。これまでの子どもにとって難解な歌詞ではなく、子どもの心を歌い、子どもが自然と口ずさむ、真に子どものための歌、という鈴木三重吉の考えは多くの同調者を集め、童謡普及運動、児童文学運動は一大ブームとなった。

　『赤い鳥』の後を追って、斎藤佐次郎（1893～1983）の『金の船』をはじ

図表6-3

	作詞者	作曲者
かなりや	西條八十	成田為三 (1893～1945)
赤い鳥小鳥	北原白秋	成田為三
靴が鳴る	清水かつら (1898～1951)	弘田龍太郎 (1892～1952)
夕焼小焼	中村雨紅 (1897～1972)	草川信 (1893～1948)
背くらべ	海野厚 (1896～1925)	中山晋平
とんび	葛原しげる (1886～1961)	梁田貞 (1885～1959)
兎のダンス	野口雨情	中山晋平
十五夜お月さん	野口雨情	本居長世
赤とんぼ	三木露風 (1889～1964)	山田耕筰
七つの子	野口雨情	本居長世
夕日	葛原しげる	室崎琴月 (1891～1977)
青い眼の人形	野口雨情	本居長世
ゆりかごのうた	北原白秋	草川信
どんぐりころころ	青木存義 (1879～1935)	梁田貞
赤い靴	野口雨情	本居長世
シャボン玉	野口雨情	中山晋平
どこかで春が	百田宗治 (1893～1955)	草川信
春よ来い	相馬御風 (1883～1950)	弘田龍太郎
ペチカ	北原白秋	山田耕筰
待ちぼうけ	北原白秋	山田耕筰
雨降り	北原白秋	中山晋平
証城寺の狸囃子	野口雨情	中山晋平
牧場の朝	杉村楚人冠 (1872～1945)	船橋栄吉 (1889～1932)
スキーの歌	林柳波	橋本国彦 (1904～1949)

めとする多くの児童文学雑誌が出版され、最盛期には数十種に及んだ。中でも『赤い鳥』の北原白秋と山田耕筰(1886〜1965)、『金の船』(後に『金の星』と改題)の野口雨情(1882〜1945)と本居長世(もとおりながよ)(1885〜1945)などが多くの曲を手がけ、童謡の黄金時代を築いた。北原白秋、野口雨情は、西條八十と共に創作童謡の三大詩人と呼ばれた。

このほかに、島崎藤村(1872〜1943)、有島生馬(1882〜1974)、若山牧水(1885〜1928)、中山晋平(1887〜1952)、沖野岩三郎(1876〜1956)、岡本帰一(き いち)(1888〜1930)、寺内万治郎(1890〜1964)らも日本の近代児童文化をリードした。

この当時から現在まで歌い継がれる歌には**図表6-3**のようなものがある。

第3節 昭和・平成の「子どものうた」

1 昭和前半、戦時下の「子どものうた」

昭和に入ると、間もなく満州事変(1931)、日中戦争(1937)、太平洋戦

図表6-4

	作詞者	作曲者
チューリップ	近藤宮子（1907～1999）・井上武士	井上武士
うれしいひなまつり	サトウハチロー（山野三郎）（1903～1973）	河村光陽（1897～1946）
まつぼっくり	広田孝夫	小林つや江（1901～1987）
汽車ポッポ	富原薫（1905～1975）	草川信
かわいい魚屋さん	加藤省吾（1914～2000）	山口保治（1901～1968）
かもめの水兵さん	武内俊子（1905～1945）	河村光陽
お猿のかごや	山上武夫（1917～1987）	海沼實（1909～1971）
たきび	巽聖歌（1905～1973）	渡辺茂（1912～2002）
花火	井上赳1889～1965)	下総皖一
スキー	時雨音羽（1899～1980）	平井康三郎（1910～2002）
お山の杉の子	吉田テフ子（1920～1973）	佐々木すぐる（1892～1966）
里の秋	斎藤信夫（1911～1987）	海沼實
ぶらんこ	都筑益世（1898～1983）	芥川也寸志（1925～1989）
とんぼのめがね	額賀誠志（1900～1964）	平井康三郎
おつかいありさん	関根榮一（1926～2005）	團伊玖磨（1924～2001）
めだかの学校	茶木滋（1910～1998）	中田喜直（1923～2000）
子鹿のバンビ	坂口淳（1908～1974）	平岡照章（1907～1992）
かわいいかくれんぼ	サトウハチロー	中田喜直
こおろぎ	関根榮一	芥川也寸志
とんとんともだち	サトウハチロー	中田喜直
おすもうくまちゃん	佐藤義美（1905～1968）	磯部俶（1917～1998）
ぞうさん	まどみちお（1909～2014）	團伊玖磨
やぎさんゆうびん	まどみちお	團伊玖磨
大きなたいこ	小林純一（1911～1982）	中田喜直
びわ	まど・みちお	磯部俶
ことりのうた	与田準一（1905～1997）	芥川也寸志
夕方のおかあさん	サトウハチロー	中田喜直

争（1941）と戦時下となり、非常時教育の機運も高まり、学校の教材として愛国心を歌うものが出現し始めた。その象徴として、国定教科書の『初等科音楽』(1942) は、国民感情を統一させる方向に加担したと言われるものである。

一方、昭和の前半は、レコード会社によって、「子どものうた」を教育目的にとどめず、商業目的で制作するという動きも生まれた。それまでの「子どものうた」とは異なり、「うたう」「おどる」といった動的な性格を持つ曲も現われた。これが昭和前半の「レコード童謡」と呼ばれるものである。しかし、こちらも戦時下により衰退した。

その後、敗戦によって再び子どもたちの心を慰めるものが必要となり「子どものうた」は「レコード」「ラジオ」などによってふたたび求められるようになっていった。この頃の「子どものうた」で現在も歌い継がれているうたには**図表6-4**のようなものがある。

2　昭和中期以降テレビ・ラジオでひろまった「子どものうた」

昭和30年代（1955～1964）に入るとテレビ・ラジオなどの番組で放送す

図表6-5

曲名	作詞者	作曲者
ちいさい秋みつけた	サトウハチロー	中田喜直
トマト	荘司武	大中恩
おかあさん	田中ナナ	中田喜直
すうじの歌	夢虹二（1912〜1989）	小谷肇
サッちゃん	阪田寛夫	大中恩
アイスクリームのうた	さとうよしみ	服部公一
いぬのおまわりさん	佐藤義美	大中恩
おなかのへるうた	阪田寛夫	大中恩
とけいのうた	筒井敬介（1918〜2005）	村上太朗（1910〜1997）
思い出のアルバム	増子とし（1908〜1997）	本多鉄磨（1905〜1966）
手のひらを太陽に	やなせたかし（1919〜2013）	いずみたく（1930〜1992）
コンコンクシャンの歌	香山美子	湯山昭
ドロップスのうた	まど・みちお	大中恩
おもちゃのチャチャチャ	野坂昭如（1930〜2015）吉岡治補作（1934〜2010）	越部信義（1933〜2014）
アイアイ	相田裕美	宇野誠一郎（1927〜2011）
あめふりくまのこ	鶴見正夫	湯山昭
おはながわらった	保富庚午（1930〜1984）	湯山昭
山のワルツ	香山美子	湯山昭
おはなしゆびさん	香山美子	湯山昭
とんでったバナナ	片岡輝	桜井順
たいこのおけいこ	筒井敬介	小森昭宏（1931〜2016）
ふしぎなポケット	まど・みちお	渡辺茂
空にらくがきかきたいな	山上路夫	いずみたく
まっかな秋	薩摩忠（1931〜2000）	小林秀雄（1931〜2017）
あくしゅでこんにちは	まどみちお	渡辺茂
たのしいね	山内佳鶴子	寺島尚彦（1930〜2004）
せんせいとおともだち	吉岡治（1934〜2010）	越部信義
へい！タンブリン	吉岡治	湯山昭
一年生になったら	まど・みちお	山本直純（1932〜2002）
おばけなんてないさ	槇みのり	峯陽
きのこ	まどみちお	くらかけ昭二
バスごっこ	香山美子	湯山昭
やきいもグーチーパー	阪田寛夫	山本直純
うたえバンバン	阪田寛夫	山本直純
あわてんぼうのサンタクロース	吉岡治	小林亜星
おへそ	佐々木美子	佐々木美子
ホ！ホ！ホ！	伊藤アキラ	越部信義
北風小僧の寒太郎	井出隆夫（1944〜2017）	福田和禾子（1941〜2008）
そうだったらいいのにな	井出隆夫	福田和禾子
げんこつやまのたぬきさん	香山美子	小森昭宏
こぶたぬきつねこ	山本直純	山本直純
南の島のハメハメハ大王	伊藤アキラ	森田公一
ありさんのおはなし	都築益世	渡辺茂
ツッピンとびうお	中村千栄子（1932〜1997）	桜井順
イルカはザンブラコ	東龍男	若松正司（1928〜2009）

るために「子どものうた」が作曲されるようになった。番組で取り上げられた「子どものうた」等を中心に、子ども文化の中に「子どものうた」が広がりを見せた。

『赤い鳥』の流れをくむ詩人サトウハチローや作曲家團伊玖磨（1924〜2001）、芥川也寸志（1925〜1989）、中田喜直（1923〜2000）らにより、ラジオ番組を媒介とし、芸術性の高い「子どものうた」が誕生した。また、中田喜直、磯部俶（1917〜1998）、宇賀神光利（1923〜1967）、中田一次（1921〜2001）、大中恩（1924〜2018）の5人の作曲家グループは「子どもに媚びない、新しい芸術的な〈子どものうた〉を子どもたちのために主体的につくっていこう」と「ろばの会」を結成し（1955）、レコードでなく新しいラジ

オ番組「あたらしい子どものうた」をつくろうとした。彼らは「レコード童謡」と区別し《子どものうた》と呼んだ。ここには、まど・みちお (1909～2014) などをはじめ、『赤い鳥』の流れをくむ詩人の多くが詩を提供している。1963年に新しい童謡の創作を目指して、おうちやすゆき (1936～2013)、こわせ・たまみ (1934～)、荘司武 (1924～)、関根榮一 (1926～2005)、鶴見正夫 (1926～1995)、阪田寛夫 (1925～2005) ら6人の詩人が集まり、「6の会」を結成した。

　この頃から歌い継がれている歌には**図表6-5**のようなものがある。

3　昭和後期から平成へと歌い継がれる「子どものうた」

　テレビの普及に伴い、昭和中期頃より、「子どものうた」として「アニメソング」「映画音楽」等も子どもたちが口ずさむ歌のひとつとなった。
　「うたのえほん」（NHK）「おかあさんといっしょ」（NHK）など、子ども向けの番組が放送され、「いぬのおまわりさん」「さっちゃん」「アイアイ」「おもちゃのチャチャチャ」など番組で流れた曲がヒットした。このほかに「みんなのうた」からも子どもたちが口ずさむ歌が発信された。当時民間放送でも子ども向けテレビ番組は数多く扱われ「ロンパールーム」（日本テレビ）、「おはよう！こどもショー」（日本テレビ）、「ママとあそぼう！ピンポンパン」（フジテレビ）、「ひらけ！ポンキッキ」（フジテレビ）、「パンポロリン」（NET→テレビ朝日）などが、「子どものうた」を発信した。
　これらの「子どものうた」の中にはオリコンの童謡チャートで1位となり、200万枚以上を売り上げる大ヒットを記録し、日本レコード大賞童謡賞を受賞するようなものがあったり、テレビ局に曲の問い合わせが殺到し、その後のレコードの売り上げが150万枚のヒットを記録したものもあった。この時代は子どもが楽しみながら、ついまねをしたくなるような心躍らせて口ずさむような歌や、子ども向けテレビ主題歌などがたくさん発信された時代であった。

図表6-6

	作詞者	作曲者
ちびっか・ぶーん	井出隆夫	福田和禾子
ふうせん	湯浅とんぼ	中川ひろたか
すずめがサンバ	かしわ哲	かしわ哲
にんげんっていいな	山口あかり(1934～2007)	小林亜星
ぼくのミックスジュース	五味太郎	渋谷毅
ありがとう・さようなら	井出隆夫	福田和禾子
世界中のこどもたちが	新沢としひこ	中川ひろたか
さんぽ	中川李枝子	久石譲
やまびこごっこ	おうちやすゆき	若月明人
パンダうさぎコアラ	高田ひろお	乾裕樹(1949～2003)
どんな色がすき	坂田修	坂田修
さよならぼくたちのほいくえん（ようちえん）	新沢としひこ	島筒英夫
勇気100%	松井五郎	馬飼野康二
にじのむこうに	坂田修	坂田修
にじ	新沢としひこ	中川ひろたか
ともだちになるために	新沢としひこ	中川ひろたか
おしりかじり虫	うるま　でるび	うるま　でるび（ユニット）
げんきげんきマーチ	新沢としひこ	新沢としひこ
うんどうかいのヒーロー	新沢としひこ	新沢としひこ
心にやさしい日	新沢としひこ	増田裕子
はなのおんぷ	新沢としひこ	増田裕子
おひさまあたれ	新沢としひこ	平田明子
エビカニクス	増田裕子	増田裕子
クマのコックさん	新沢としひこ	新沢としひこ
ちきゅうのおへそ	新沢としひこ	平田明子
おじいちゃんが子どもだった頃	新沢としひこ	新沢としひこ
銀河の船	新沢としひこ	新沢としひこ
クリスマスのうたがきこえてくるよ	新沢としひこ	新沢としひこ
ガンバリマンのうた	ともろぎゆきお(峯陽)	峯陽
はじめの一歩	新沢としひこ	中川ひろたか
ありがとうこころをこめて	山崎浩	山崎浩
運動会のうた	小林久美	峯陽
あしたははれる	坂田修	坂田修
シアワセ	坂田修	坂田修
ハッピーチルドレン	新沢としひこ	中川ひろたか
妖怪体操第一	ラッキィ池田、高木貴司	菊谷知樹

　平成に入る頃（1989～）より、子ども向けテレビ番組は減少したが、リズミカルでメッセージ性のある「子どものうた」が多様な手段で発信され続けていることは、今でも変わらない。近年では子ども向けのコンサートが全国各地で開催されるようになり、ライブで聴くことのできるチャンスも増えた。

　子どもたちはこれからも多様なメディアから発信された「子どものうた」を歌い継いでいくことであろう。**図表6-6**は近年歌われることの多い「子どものうた」である。

（飯泉祐美子）

第7章 音楽的活動の指導計画と評価

第1節 音楽的活動の指導計画の立て方

1 子どもの歌を基盤に遊びの題材を考える

　保育の計画を立てる上で、遊びの題材を選ぶ際に考慮すべき点は、まず季節感や年間を通した行事への配慮、そして受け持つ子ども達の年齢に対応した内容のアレンジである。

　子どもの歌と日常の保育との結びつきは、たいへん深い。それは、子どもの歌には「季節感」「四季折々の行事」「子どもの興味」など、彼らに伝えたい要素が豊富であるからである。ゆえに、音楽的活動の指導計画においては童謡をベースに、「ねらい」や「内容」へと発展させることが多い。

2 ねらいの考え方

　「ねらい」とは保育者の願いである。遊びを通して子ども達に培ってほしいことを保育者が意図していくことは、遊びの活動をより具体化していくことにつながる。

3 内容の立て方

(1) 子どもの年齢に合わせて遊びの内容をアレンジする

　遊びの内容については、担当する子どもの年齢や発達段階を配慮した内容の検討が必要であり、子ども達の現状の姿を無視した立案はありえ

ない。逆を言えば、どんな遊びの内容であっても子どもの現状を配慮した内容であれば、展開が可能となる。

(2)「導入→展開→まとめ」の一連の流れをつくる

「導入」は、子どもの興味、好奇心を促すうえで重要なポイントである。具体的な方法としてはペープサートや、手遊びの活用や歌に関連した素話(すばなし)や絵本・紙芝居など導入の工夫次第で子どもの参加意欲も大いに向上していく。「展開」においては童謡を歌う楽しみからどのような遊びに発展していくか工夫のしどころである。子どもの歌を歌う楽しみから簡単な振付の動作を付けたり、または、ゲーム性のある遊びや楽器遊び、製作遊びへの発展に導くなど、遊びの発展性を見いだしてほしい。「まとめ」においては、子どもと共に保育の一連の流れを振り返ることが大切である。これは遊びの達成感を呼び、強いては明日への活動への期待感をつながるうえで、大切なことである。

4　環境設定

保育を展開していくうえで保育室で用いる物質的な準備、配置の想定もさることながら、保育者が常に子どもの姿を把握することにおいて、彼らの活動形態に対する保育者の立ち位置も想定しておくことが大切である。

5　子どもの活動を予想する

立案においては、保育の流れの中で子どもがどういう動きや反応を示してくれるか予想しながら計画していくことが大切である。ただし、ここでは「やろうとしない」「のってこない」など子どもの後ろ向きな姿を予想してしまうのは、避けるべきである。むしろ、保育者が願う子どもの姿に対し、どのような配慮が必要か想定していくことが大切である。「保育のねらい」は「保育者の願い」である。保育者は常に子ども達の明るく元気で、前向きな姿をイメージし、それに必要な保育の流れを組み立ててほしい。

6 保育者の援助や配慮について

　前述したように、保育者が願う子どもの姿に対し、どのような援助や配慮が必要か想定していくことが大切である。特に、音楽のように子どもの心やイメージに直接働きかける活動においては、保育者の言葉がけによる配慮や援助が非常に重要である。音楽表現の活動の中で子ども達が想像力を膨らませ、時に心をときめかせ、楽しさや幸福感を味わうためにも、保育者は活動における言葉がけについて常に気を配ってほしい。これについては次項の「音楽的活動における援助の在り方」でさらに詳しく述べていきたい。

第2節　幼児の音楽的活動における援助のあり方

1 保育者の豊かな表情（まずは保育者自身が楽しむこと）

　幼児の活動において大切なことは、音楽の「じょうず・へた」よりも「楽しさを伝えること」が大切である。かりに保育者自身に音楽経験が少ない場合でも、常に楽しげに活動すれば、おのずと子ども達も音楽が好きになっていくものである。

2 アイコンタクト（子ども一人ひとりに目配り）

　いわゆる保育者の目線の配り方である。保育者は常に子ども達一人ひとりに気を配り、子ども達の様子や変化を冷静に把握することが肝心であるが、とかく実習生や新人の保育者の場合、手遊びや歌など、何か人前で演じることが求められる場合、ややもすると視野がせばまり、子ども一人ひとりに目が届かないことがある。

　子ども達と生きた表現あそびを展開していくことにおいて、保育者か

ら発せられる温かく豊かな表現や表情と共に、子ども達の反応を捉える俯瞰（ふかん）の目が求められる。いわば表現遊びは、保育者と子ども達とのキャッチボールのごとく相互の呼応によって成り立っている。

3　言葉がけの重要性

　子どもの心の育ちにおいて、保育者の何気ない一言は、その子の一生を支える珠玉の一言となることもあれば、心をえぐる刃物となることもある。ゆえに、日頃から子どもの心に寄り添い、子どもの生きる力を育む言葉がけの習慣として次のことを提唱する。

《保育者が身につけてほしい3つのコール》

①先がけコール「サンハイ」「どうぞ」──いわゆる保育の展開における「サンハイ」「どうぞ」などの始まりの合図のことを称する。保育者がピアノ伴奏に意識がとらわれすぎてしまうあまり、前奏や間奏のあと、子ども達への合図がないまま進めてしまい、結果的に子ども達がどこから歌ってよいのかわからないといった場面に出くわすことがある。こうした場合、歌い始めのところで「サンハイ」や「どうぞ」など、いわゆる歌や手遊びに先がけて合図を送ってやることが大切である。また、元気な曲には元気よく、優しい曲にはやさしく合図を送ってやるなど、保育者の先がけコールのかけ方次第で、子ども達の反応も大きく変わってくる。ゆえに、合図の送り方にも、常日頃から気を配ってもらいたい。

②励ましコール──日ごろの保育において、子ども一人ひとりの特質により、物事の習得や発達の速度は異なる。習得が速い子はまだしも、習得が遅い子が疎外感を抱かないよう、そうした習熟速度がゆっくりな子どもに対しては、保育者の励ましの言葉がけによる配慮が大切である。また、保育者が称賛の言葉がけを大事にしていると、おのずと子ども達同士で励ましの言葉が飛び交うようになり、ひいては子どもが抱く他者への思いやりにつながっていくものである。

③称賛コール──これはいわゆる子ども達への「ほめ言葉」である。日ごろの保育の中で、できなかったことができるようになった子どもの姿があったときは、その子のがんばりに対し、十分ほめたたえることもまた、大切な言葉がけである。ほめられた子どもは「がんばってよかった」「あきらめないでよかった」といった達成感の喜びを感じるとともに、自分を信じること、まさにその子の自信につながり、これは、保育の根本的なねらいである「生きる力」を育むことそのものであり、心の育成を担う音楽表現の指導において、保育者がぜひとも習慣としてほしいことである。

4 全ての遊びにおいて有効な「呼吸のしぐさ」

保育者が呼吸を意識することは、自身のパフォーマンス力の幅を広げるだけにとどまらず、子どもとの関わりにおいても大きな効果をもたらす。人前に立つことに対して緊張が先走ってしまう傾向にある人には、日ごろから腹式呼吸を意識することにより、緊張が緩和される（これは腹式呼吸が自律神経、特に緊張を緩和するといわれる副交感神経に作用することによるものが大きいといわれている）。

また、保育者が何か遊びを展開する際、呼吸のしぐさを丁寧に（時にゆっくり、少しオーバーに）行うしぐさは、子どもとの関わりにおいて穏やかな雰囲気をかも醸し出し、子ども自身の心の安定にもつながる。

第3節 実践と評価について

幼稚園教育要領には、幼児理解に基づいた評価の実施について、「指導の過程を振り返りながら幼児の理解を進め、幼児一人ひとりのよさや可能性などを把握し、指導の改善に生かすようにすること。その際、他の幼児との比較や一定の基準に対する達成度についての評定によって捉

えるものではないことに留意すること」とある。

　保育者は、自身の保育によって「子どもたちがこんなふうになってきた」と、子どもたち一人ひとりの状況の変化や、芽生えの姿などしっかり捉えること。その上で、一連の実践内容を客観的に振り返り、自己評価を行う中で、改善点を見極め、次への実践や保育内容の向上につなげていくこと。その努力を日々重ねていくことが肝心である。

第4節　指導計画案例

図表7-1　指導計画案例1＜子どもの歌「どんぐりころころ」を題材にした表現遊び＞

○○年　10月　3日（木曜日）　晴れ		さくら　組　　3歳児　　15名	
ねらい	・子どもの歌「どんぐりころころ」を通して、物語や歌うことを楽しむ。	主な活動	・どんぐりを用いたクイズゲーム ・自作紙芝居「どんぐりころころ」をみる。 ・子どもの歌「どんぐりころころ」を歌う。
時間	保育の流れ 予想される子どもの活動	環境構成・準備	保育者の援助や配慮
10：00	○保育者の声掛けにより子どもたちが保育者のもとに集まる。	（保） 〈準備するもの〉 ・どんぐり（2個） ・自作の紙芝居 ・歌詞を書いたボード	・保育者のもとに集まるよう声を掛け子どもたちが全員いることを確認する。
10：05	○「♪どっちのおててに入ってるか？」のクイズゲームをする。 ・クイズの回答に「やったー！」「もう一回！」など様々な反応を示す。		・「さあこれは何でしょう」など、どんぐりに興味を持つようにする。 ・「次はどっちかな？もう1回行くよ」など、正解しなかった子にも励ましの言葉を掛けつつ何度か繰り返す。
10：15	○自作の紙芝居「どんぐりころころ」を見る。		・自作の紙芝居「どんぐりこところを」みせて、全員が見ているか確認してから話を始める。
10：25	○「どんぐりころころ」を歌う。 ・歌詞ボードを見ながら一緒に歌おうとする。 ・繰り返す中で少しずつ歌を覚え、声が出てくるようになってくる。		・歌詞ボードの歌詞に手を添えながらアカペラで一緒に歌っていく。最初はゆっくり歌いだし、丁寧に発音し、雰囲気を出すよう心掛ける。途中まで歌ったら、最初に戻り何度か繰り返しながら少しずつ先に進めていく。
10：35	・保育者のピアノ伴奏にあわせて歌う。		・子どもたちが歌に慣れてきたところで、保育者もピアノの弾き歌いをする。子どもたちが楽しく歌えるよう前奏・間奏の後、元気よく「サンハイ！」の合図をかける。
10：45	・「どんぐりさん帰れたと思うよ」「また歌いたい。」など様々な感想が聞こえる。		・「どんぐりさん、おうちに帰れたかな」「みんなで歌うと楽しいね」など感想を伝え合う。

（筆者作成）

図表7-2　指導計画案例2＜子どもの歌「山の音楽家」を題材にしたゲーム＆リズム遊び＞

○○年　5月　8日(水曜日)	天候(　晴れ　)		もも　組　5歳児　15名
ねらい	・子どもの歌「山の音楽家」をベースにした表現遊びを楽しむ	主な活動	・「山の音楽家」を歌う。 ・「山の音楽家」を用いたゲーム。 ・「山の音楽家」を用いたリズム遊び。
時間	保育の流れ 予想される子どもの活動	環境構成・準備	保育者の援助や配慮
10:00	○保育者の声掛けにより子どもたちが保育者のもとに集まる。	（保）マーク	・保育者のもとに集まるよう声を掛け、子どもたちが全員いることを確認する。
10:05	○ペープサート「りす」「小鳥」「たぬき」の登場を見る ・保育者の問いかけに「りす!」「楽器持ってる!」等、おのおのの答えが返ってくる。	〈準備するもの〉 ・ペープサート (りす、小鳥、たぬき) ・椅子 (あらかじめ椅子の背もたれのうらに、動物の絵を張っておく。りす5、小鳥5、たぬき5) ・楽器 (カスタネット5 トライアングル5 タンバリン5)	・「さあ、みんなのところに動物のお友だちがやってきたよ」と、りすのペープサートを登場させ、アカペラで一番の歌詞を歌い、「さあ、この動物さんは何?」「動物さん何か持ってるね」と問いかける。再度一緒に歌っていく。 続けて2番(小鳥)3番(たぬき)も同様に行う。歌に慣れたところで保育者のピアノ伴奏で1番から通して歌う。 ・椅子を同じ動物ごとまとめて円形に並べる。
10:10	・ペープサートを見ながら、保育者と一緒に「山の音楽家」を歌っていく。 ・保育者のピアノ伴奏で歌う。 ○「山の音楽家」を用いたふれあい遊びをする。		
10:20	・保育者の呼びかけに一重の円になり椅子に座る。その後保育者の呼びかけにより自分の動物を確認する。		・一重の円に座らせ、子ども一人ひとりに、「りす」「小鳥」「狸」と準備呼びかけていき、一重したあと「りすのお友だち、ハーイ」等自分の動物を確認させる。
10:25	・ふれあい遊びのルールを確認する(全員で「♪わたしゃおんがくか〜」の部分まで歌った後、保育者の合図で自分の動物が呼ばれたら立ち上がって違う椅子に座る。) ・「音楽会!」とリーダーが言ったら、全員移動するというルールを知る。	円形に並んだ●と中央に（保）	・「自分の動物が呼ばれたら移動する」という遊び方が理解できるよう、やってみせて説明する。 ・遊び方が慣れるまで、動物の名前を呼ぶリーダー役をする。

(筆者作成)

図表7-2 （前ページから続く）

時間	保育の流れ 予想される子どもの活動	環境構成・準備	保育者の援助や配慮
10:35	○「山の音楽家」を用いたリズム遊びをする。 ・椅子の背もたれに張ってある絵を確認し、自分の動物の椅子に座る。 ・動物ごと順番に担当楽器を受け取る。（りす→カスタネット、小鳥→トライアングル、狸→タンバリン）	（たぬき・小鳥・りすが円になって座り、中央に保育者がいる図）	・「じつは、椅子のうしろに動物の絵が張ってあります。自分の動物を探して、座ってください」と、動物ごとにまとまって座らせる。その後、動物ごと楽器を手わたす。
10:40	・それぞれの動物&楽器のリズムパターンを覚える。 〈リズムパターン〉 りす：（タンタンターン） ♩ ♩ ♩ 小鳥：（リ〜ン） 𝅗𝅥 たぬき（タン・ンタターン） ♩ 𝄾 ♪ ♩		・リズムパターンをおぼえやすくするよう、最初はリズムの部分のみ楽器だけでゆっくり行い、慣れてきたら、速度や音量に変化を付け、くり返し行う中で、ビート感の楽しさを伝える。
10:50	・1番から動物の役柄ごと歌っていき、歌詞の擬音語部分を覚えたリズムパターンで演奏する。 ・どの役柄も演奏ができたところで最後は全員で合奏すべく「♪わたしゃ音楽家、山の仲間、上手に楽器をひいてみましょう〜」と替え歌を歌いながら全員で合奏する。		・保育者のピアノに合わせ、歌いながら楽器遊びをする楽しさを伝える。 ・それぞれのリズムパターンが重なり合い、皆で合奏することの楽しさを伝える。
11:00	・「楽しかった」「またやりたい」など各々の感想が出る。 ・楽器を元の場所に片付ける。		・歌やふれあい遊び、楽器演奏など、一連の遊び内容を振り返り、みんなで一緒に遊ぶことの楽しさを伝える。元気よく演奏できたことを褒め、楽器の片付けをさせる。

（筆者作成）

（大坪義典）

第8章 歌う表現活動

第1節 保育者に必要とされる歌唱表現

　音楽表現の中での「歌う活動」は、登園から降園までの保育の日常、園生活でのさまざまな年中行事には欠かせないものである。

　また、現代の歌のルーツであるわらべうたの時代から、幼児は歌をうたって遊んできた。歌と遊びは密接な関係にあり、歌うことで遊びの順番やルールを守ることができ、音楽劇においては歌うことで自分の出番を「待つ」ことができる。そして、メロディーにのせた言葉の抑揚や、リズムを体感することでたくさんの言葉を覚え、歌の世界が見えることは大きな喜びである。

　幼児同士、保育者と幼児が歌の世界を共有することによって、それは何倍もの"幸せな時間"となるに違いない。そのためには、保育者のより豊かな感性と表現力が求められる。とはいえ、声楽家（オペラ歌手）のような立派な声量や広い声域が求められるわけではないことは言うまでもない。

　この章は、筆者がクラシック（声楽）の発声法を学んだ経験からたどりついた「童謡」「現代のこどもの歌」の歌唱法であり、保育者に求められる「歌う表現活動」における歌唱法と喉の負担を、より軽減できる発声法の提案である。

第2節　歌唱法の基礎

　歌もダンスも、クラシックの基礎を経験習得することが望ましいが、発声における豊かなイメージを持つことによって、基礎の段階を楽しくスタートすることができる。

1　心と身体のストレッチ

(1)　ウォーミングアップ

　まずは、心と身体をリラックスさせる。好きな音楽に合わせて身体を動かしてみることで、自然と気持ちがほぐれてくるのを実感する。

(2)　美しい姿勢で立ってみよう

　足を肩幅程度に開いて立ち、鼻から息を吸いながらゆっくり両手を上げていき、息が身体の中を通っていく感覚、身体が空に向かって真っすぐ気持ちよく伸びていく快感を味わう。次に口から息を吐きながら、ゆっくり両手を下していく。これを数回行い、真っすぐに立っている感覚をつかむ。

2　発声の基礎

(1)　お腹の支えと腹筋の関係

　歌は、基本的に腹式呼吸で行うので腹筋がないよりはあった方が望ましいが、重要なことは歌う際の腹筋の使い方であり、発声における「お腹(なか)の支え」として機能できるかということである。では、お腹の支えとは何か？

▶ ①二人組（A・B）になって体感してみよう

〔1〕Aは、足を肩幅程度に開き、ぼんやりとした気持ちで正面向きに立つ。Bは、Aに対して90度の角度に立つ。Bは、Aの上腕側をポーンと軽く押してみる（このとき、Aはふらつきやすいことがわかる）。

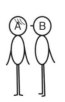 

〔2〕次にAは、自分のおへそから指3本ほど下にある「丹田(たんでん)」を意識してみる（このとき、丹田には意識を集中するだけで、力を入れる必要はない）。

〔3〕Bは、〔1〕のときと同じ要領で、Aの上腕側をポーンと軽く押してみる。（〔1〕のときとは違い、身体がふらつきにくいことがわかる）。

〔4〕同じ要領で、AとBが交替して〔1〕〔2〕〔3〕を行ってみる。

▶ ②身体の重心

以上の現象の違いから、丹田を意識することによって身体の重心が下がり、身体の支えが安定したことを、体感できる。

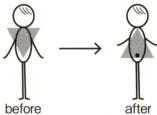

※▼▲は、重心のイメージ

(2) 発声前のエクササイズ

▶ ①頬と唇(くちびる)の筋肉を緩めよう

声は、声帯という筋肉の隙間に息が通り、振動することによって声が出る。筋肉を使うということは、スポーツに置き換えて考えてみるとわかるように、競技に入る前には必ずウォーミングアップをし、筋肉をほぐす（温める）ことが必須である。ということは、声帯以外の筋肉が緩んでいることはとても大切であり、逆に力んでいるところからは何も始まらないといえる。やり方は、次のとおりである。

〔1〕鼻から、胸（肺）ではなく丹田あたりに酸素を多く（深く）取り入れるような気持ちで息を吸い、息をためる。

〔2〕頬と唇の筋肉が緩んだ状態で一定の速度で一定の量の息を吐きながら唇を振動させる（ブルブル……という感覚）。息がなくなったら、再度、鼻から息を吸って続ける。これを数回行い、頬と唇の筋肉が緩んでいることを確認する。

第8章●歌う表現活動　67

▶ ②声域を広げる

　声楽の発声練習でよくあるのは、半音階ずつ上がっていく（下がっていく）練習方法である。このとき、声帯の筋肉は１音１音の音程のピッチを定めるために、声帯の筋肉は毎回開閉することになる。

　では、音階という"音の階段"ではなく、"音のスロープ"をイメージしてみよう。徐々に高音へ（低音へ）移行する方法である。この場合、声帯の筋肉は高音になるにしたがって少しずつ伸びていき、低音になるにつれて徐々に緩んでいくので、声帯のストレスが軽減される。やり方は、次のとおりである。

〔1〕鼻から息を吸い、自分が楽に出せるいちばん低い音から出発して高音へ「ウ～～」と声を出しながら、サイレンのようなイメージで移行していく。

〔2〕気持ちよく出せる程度の最高音に達したところで、今度は緩やかに低音域に下りてくる。息がなくなったら、再度、鼻から息を吸って続ける。これを日々行うことで、自分の声帯の可動域が広がってくる。

▶ ③声の通り道

　地声（じごえ）は喉声（のどごえ）とも言われ、声帯にかかる負担は裏声に比べてとても大きい。丈夫で強い声帯の筋肉を持っている人もいるので個人差はあるが、世界にひとつしかない楽器なので、一生大切に使いたい。

　それには、できるだけ声帯の負担を軽減できる発声法をマスターし、声の通り道（響きのポイント）をつかむことでかなり解消される。マイクのリバーブをイメージするとわかり易い。つまり、響きのある声は声帯の負担が軽減されるということである。

〔1〕まず、鏡の前でニッコリ笑ってみよう。すると、頬骨が上がるのがわかる。その頬骨の位置を変えずにネコが「ニャオ」と鳴くように発音してみる。この時、「nyao」（ンニャオ）いう感じで、あえて鼻に抜けるように、発音する。

〔2〕次に、鏡の前で笑わない状態で同じように「ニャオ」と発音して、〔1〕のときとの違いを確認する。

〔3〕今度は、〔1〕の状態と〔2〕の状態で好きな童謡を歌い、その違いを実感してみる。

【例】「犬のおまわりさん」の「ニャンニャンニャニャ〜ン」の部分

　以上の〔1〕〜〔3〕の、鼻腔を通った感覚が「声の響き」につながっていく。この声の通り道のポイントを見つけることで、声帯の負担が軽減される。また、地声から裏声につながりやすくなるので、音域の広い曲の歌唱が楽になってくる。

第3節　実践

1　絵本を読む感覚で歌の歌詞を声に出して読んでみよう

　しゃべる声（地声）から歌う声（裏声）への移行を実感してみよう。ヒントになるのは、声を出して読むときの「声のポジション」である。次の状況をイメージしてみるとわかり易い。一例であるが、日常の会話をしていたとき、大切な人からの電話の着信が鳴る→電話に出る。

　さて、その第一声の「声のトーン」が先ほどの会話をしていたときと同じかどうか、イメージしてみることが大切である。1トーン高い声で電話に出ることが多いのではないだろうか。

　では、瞬時に何が違ったのか、考えてみよう。それは気持ちのテンションが日常より上がったことにある。すなわち、歌うということは、日常のテンションより高いということである。そのテンション（ポジション）の声で歌詞を読んでみることで、地声から歌う声につなげることができる。

2　言葉のフレーズ感が大切

　歌うときはしゃべるように、しゃべるときは歌うように、歌詞（一つ

一つの言葉）を大切に1フレーズの終点目標を決めて歌い始めてみる。
では、絵本を読むような感覚で実際に歌詞を声に出して読んでみよう。

> 【例】あめふりくまのこ　（鶴見正夫作詞、湯山昭作曲）
>
> おやまにあめがふりました　あとからあとからふってきて
> ちょろちょろおがわができました
> いたずらくまのこかけてきて　そっとのぞいてみてました
> さかながいるかとみてました
> なんにもいないとくまのこは　おみずをひとくちのみました
> おててですくってのみました
> それでもどこかにいるようで　もいちどのぞいてみてました
> さかなをまちまちみてました
> なかなかやまないあめでした　かさでもかぶっていましょうと
> あたまにはっぱをのせました

3　表情の効果

表情が変わると歌声も変わってくる。また、声の勢い、方向性を持つこと、登場人物になりきることで歌の表現力がアップする。二人組（A・B）になって向かい合い、「おはなしゆびさん」を交替で歌って、体感してみることをおすすめする（特に後半の部分）。

> 【例】おはなしゆびさん　（香山美子作詞、湯山昭作曲）
>
> A：このゆびパパ　ふとっちょパパ　やあやあやあやあ
> 　　ワハハハハハハ　おはなしする
> B：このゆびママ　やさしいママ　まあまあまあまあ
> 　　オホホホホホホ　おはなしする
> A：このゆびにいさん　おおきいにいさん　オスオスオスオス
> 　　えへへへへへへ　おはなしする
> B：このゆびねえさん　おしゃれなねえさん　アラアラアラアラ
> 　　ウフフフフフフ　おはなしする
> A＆B：このゆびあかちゃん　よちよちあかちゃん　ウマウマウマウマ
> 　　　アブブブブブブ　おはなしする

どうだろうか？

伝えようとする相手に向かって表現力豊かに歌うことで、歌い手も聴き手も楽しく、生き生きとした歌になってくる。

その歌の持つ世界観、空気感、色彩、触感、味覚、嗅覚などのイメージが豊かなほど、表情や表現も魅力的になる。それには、日常の小さな「トキメキ」が大切！

見えないものを見る、感じる、描く、そして、伝えたい！　一緒に楽しみたい！　そんな心ときめく豊かなイマジネーションは、曲も歌い手も聴き手も輝かせてくれる。

第4節　幼児への歌唱指導における援助

1　歌唱指導への導入

(1) 幼児への歌唱指導時に配慮すべき点

歌をうたうことは、幼児にとって身近に楽しむ音楽表現であり、毎日の生活には欠かせないものである。

では、園生活においては、日常の保育の中で、また、生活発表会等に向けての保育者の歌唱指導は、どうあるべきなのだろうか。幼児への歌唱指導時に配慮すべき点について考えてみてほしい。

例えば、「元気な声でうたう歌」「きれいな声でうたう歌」など、午前と午後、その日のお天気によっても、集中力や気持ちのテンションが変化するため、歌い方を分けて歌うことも必要である。

また、子どもたちは、歌い出しの前の保育者のコールに比例して反応してしまうことがあるため、保育者は、その曲にあった声のトーンで歌い出しのコールをすることも大切である。

(2) シャウトする歌唱への改善策

　保育者が「大きな声で（元気な声で）歌いましょう！」と促してしまうと、ともすると幼児は、音程が聴き取れないほどの大声で歌い出すことがある。保育者の言葉かけは、とても大切である。保育者があえて小さな声で大切なことを話し始めると、幼児は聞き逃さないように集中するようになる。シャウトすることではなく「楽しく歌う」、それが大きな声で歌うことにつながる。

　そして、"声を出すことそのものが気持ち良い"と思えることが、何よりも大切である。仲間の声に耳を傾ける意識が持てること、仲間の声と共鳴することの快感は、心の中まで喜びとなって満たしてくれる。

　また、簡単な振り付けを伴ったり、手話をしながら歌うことで、力まずに歌うことができる。保育者が歌の世界に誘い、歌う快感を共有できた瞬間から、幼児がむやみにシャウトすることは回避されるだろう。

2　ピアノ伴奏の留意点

　基本的に幼児との対面意識を心がけ、特に丁寧に歌いたい曲は、前奏から、より丁寧に弾く。また、いったん静かな気持ちになるような伴奏を弾いて、音楽的なピアノの音に耳を傾けるように促すことで"音楽する気持ち"になれる。ピアノ伴奏においては、幼児の声域に無理のない調(ちょう)を選び、歌に寄り添う伴奏を心がけることが大切である。

　幼児と一緒になって歌うこと（弾き歌い）で、テンポ感やリズム感も一体化できる。指導者がピアノのふたを開けるたびに、楽しく音楽する時間が始まるであろう。

（岡崎 裕美）

第9章 歌って遊ぶ表現活動

第1節 遊び歌の意義

1 遊び歌と子どもの育ち

　「遊び歌」は、遊びと歌が一体となったもので、一般的には、手遊び、指遊び、手合わせ遊び、体遊び、歌遊び、リズム遊び、ふれあい遊び、わらべうた、といわれるもののほか、広くは、ダンスや体操も含んだものとして捉えられている。

　子ども達は、遊び歌を通して言葉やリズム、音に出会い、大人や友だちとコミュニケーションをとる中で音楽的能力、言語能力を伸ばしていく。また、遊び歌のさまざまな動きによって、運動能力を養い、遊び歌に含まれる見立てやごっこ遊びなどを通して、想像力を高めていく。

　さらに、遊びを通して相手の気持ちに気づくことで、ルールのある遊びが楽しめるようになるなど、社会性、道徳性も培っていく。自分のアイディアが遊びに生かされれば、子ども達が自己肯定感を高める機会にもなるだろう。

　このように、遊び歌には幼児の成長や発達に関わるさまざまな体験が多く含まれており、他の領域と密接に関連している。また、遊び歌を通して育まれた「人と関わる力」や、いろいろなものへの「興味・関心」は、幼児期の教育から小学校教育への生活や学びのつながりをスムーズにするものでもある。

2 社会環境を補うものとして

　遊び歌の中でも特にわらべうたなどは、本来、子ども同士や家庭、地域のなかで伝承されるものであった。子ども達は、多くの人との関わりの中でさまざまな経験をしながら育ってきた。しかし、現代では、家族形態の変化、遊び場や遊ぶ相手の減少、園以外での集団生活の希薄化など、状況は変化してきている。教育・保育現場における遊び歌は、そのような子どもを取り巻く社会環境を補うものであるといえる。そして、子どもだけでなく、保育者や親もまた、子どもとの遊び歌を通して、子どもを育てる喜びや癒しを感じる時間を得るのである。時には保護者も巻き込みながら、いろいろな遊び歌を子ども達に伝えていこう。

第2節　遊び歌の種類

1 さまざまな分類例

　遊び歌は、さまざまな観点から分類することができる。いろいろな分類を通して、遊び歌への理解を深めよう。

(1) ルーツによる分類

　つくられた時代や国など、ルーツによる分類である。このほか、誰がいつつくったのかわからないものや、原曲が変化して定着したものなどもある。

江戸時代のわらべうた	「かごめかごめ」「なべなべそこぬけ」「えんやらももものき」「ひらいたひらいた」など
明治時代の唱歌	「うさぎとかめ」「茶つみ」など
大正時代の童謡	「肩たたき」「うさぎのダンス」など
昭和時代のこどものうた	「おはなしゆびさん」「コブタヌキツネコ」「あらどこだ」「ケンパであそぼう」など
平成時代のあそびうた	「たけのこさん」「アイスクリームをつくりましょう」「かみなりどんがやってきた」「もうすぐクリスマス」など
外国曲の遊び歌	「むすんでひらいて」「おおきなくりの木の下で」「やまごやいっけん」「十人のインディアン」など

(筆者作成)

(2) テーマによる分類

> 「動物」「植物」「自然」「季節」「食べ物」「乗り物」「数」「家族・友だち」など

(3) 発達段階による分類

> 「ねんねの頃」「おすわりの頃」「あんよの頃」「大きい小さいがわかる頃」
> 「鬼ごっこが楽しめる頃」「じゃんけんが楽しめる頃」など

(4) 遊び方による分類

> 「手遊び」「指遊び」「体遊び」「ペア遊び」「集団遊び」「あやし」など

(5) 遊びの要素によるカイヨワの分類

フランスの社会学者カイヨワ（R.Caillois, 1913～1978）は、遊びの要素を「競争」「偶然」「模倣」「めまい」の4つに分類した。

競争	「うさぎとかめ（けん玉）」「むっくりくまさん（かけっこ）」など
偶然	「おちゃらか（じゃんけん）」「あっちむいてホイ」など
模倣	「はやしの中から（わらべうた）」「たまごでおりょうり」など
めまい	「たかいたかい」「せんたくきをまわせ（回転）」など

出典：［カイヨワ、1990］より

※カイヨワは、1つの遊びの中に複数の要素が含まれることがあると述べている。

2 遊び歌の選曲と準備

＜選曲＞

子ども達の興味や発達段階における特徴、経験の量、季節などを考慮して選ぶ。楽譜にある年齢の案内は、目安と捉えるとよいだろう。なぜなら、遊び方を変えることもできるし、2歳児が、「ジャンケンポン！」と、人差し指だけを出して楽しむこともできるからである。

＜準備＞

伴奏なしで歌うことが基本だが、保育者自身が練習するときには、ピアノなどで正しい音程を確認しながら練習しよう。子ども達に、言葉や表情、リズム、動きなどが分かりやすく伝えられるよう、保育者自身も遊び歌の楽しさを味わいながら準備をしよう。

第3節 遊び歌の応用と展開

1 イメージを広げて自由に遊ぶ

　遊び歌は、遊ぶためのものである。遊び歌をそのまま遊ぶだけではなく、さまざまな遊びに発展させよう。遊び歌を大人が支え、一緒に楽しむ環境と共に、子ども達が自発的に遊び歌を歌い、子ども達同士のやり取りの中で、遊び歌が広がる環境をつくっていくことが大切である。

(1) 替え歌遊び

　替え歌も一つの遊び方である。子ども達の興味や気持ちに沿った歌が歌いたいとき、新しい歌をつくることは大変でも、替え歌なら子ども達と一緒に、言葉や動きを考え、つくることができる。子ども達のアイディアを取り入れ、言葉や動きをどんどんアレンジして替え歌をつくろう。

　【替え歌の実践例】
「まあるいたまご」➡いろいろな動物のたまごでやってみよう。
「さかながはねて」➡いろいろなところに魚をくっつけよう。
「あたまかたひざポン」➡ポンの数を変えてみよう。

(2) 造形遊び・ごっこ遊びへの展開

　気に入った遊び歌を、思いを込めた造形活動やごっこ遊びに発展できる環境を作ろう。保育者には、描いたり作ったり、いろいろに表現したいという欲求が満たされるような材料・用具の用意、関わり方が求められる。

　【別の表現への発展させる実践例】
「ふうせん」（湯浅とんぼ作詞）➡ペープサート、パネルシアター作り
「おべんとうバス」（真珠まりこ作詞）➡おべんとう作り、ごっこ遊び
「おおきくなったらなんになる」（作詞不詳）➡ごっこ遊び……など

2 遊び歌と劇遊び

劇遊びに、日頃遊んでいる遊び歌を自由に取り入れよう。

(1) 既成の劇遊びに取り入れる

既成の劇遊びも、場面に合う歌を子ども達と一緒に選んだり、場面に合うよう歌詞を作り変えたりすれば、クラスのアイディアがいっぱいつまったオリジナルな作品となるだろう。

【実践例】「おむすびころりん」

> むかしあるところに、おじいさんとおばあさんが住んでいました。
> ある日、おじいさんは山へしば刈りに出かけました。おむすびを食べようとしたとき、おむすびがひとつ転がり落ちて、木のそばの穴の中へ入ってしまいました。すると穴の中から、なにやら歌が聞こえてきました。
>
> ♪たまりや（わらべうた。輪になって、左右へ歩いたり、円を小さくしたり大きくしたりしながら歌う。）
>
> おじいさんが穴の中へ入ると、そこには、たくさんのねずみが住んでいました。そして、おじいさんが落としたおむすびを、おいしそうに食べていました。ねずみたちはおじいさんにお礼を言い、お餅をついてくれました。
>
> ♪もちつき（小林純一作詞・中田喜直作曲。クラスで考えた動き。）
> ♪もちっこやいて（わらべうた。かれっこやいての替え歌。）
>
> それから、楽しいダンスも踊ってくれました。
>
> ♪どこでもリズム（岩本洋子作詞・日吉台光幼稚園動き。）
>
> ねずみたちは、お礼におじいさんに箱を差し出しました。
> おじいさんが家に帰り、箱を開けてみると、中にはたくさんの小判が入っていました。そうして、おじいさんとおばあさんは、いつまでも幸せにくらしました。
> （省略あり）

（筆者作成）

(2) ロンド形式で劇遊びを構成する

ロンド形式とは、Ⓐ→Ⓑ→Ⓐ→Ⓒ→Ⓐ→Ⓓ→Ⓐ……（最後はⒶ）というように、主題となるⒶの部分を繰り返しながら、その間にさまざまな素材を挟んでいく音楽の形式である。「おおきなかぶ」「てぶくろ」など、よく知られた絵本の中にも同じような構成を見いだすことができる。

ロンド形式を使って、遊び歌がいっぱいのお話をつくってみよう。

【作品例】「バス旅行」

「今日は、バスにのってお買い物に出かけましょう。」
「みんなは、どんなお店に行きたいのかな？」

Ⓐ♪バスにのって（谷口國博作詞・作曲）
↓　「到着〜、到着〜　パン屋さんにつきました。」
Ⓑ♪パンやさんにおかいもの（佐倉智子作詞・おざわたつゆき作曲）
↓　「たった今、ぶどうパンも焼きあがったみたい。どうする？」
　　「では、次のお店。どこに行く？」
Ⓐ♪バスにのって
↓　「到着〜、到着〜　百貨店につきました。」
Ⓒ♪ペンギンマークの百貨店（犬飼聖二作詞・作曲）
↓　「なんだかのどが渇いてきたなぁ〜　困ったなぁ。」
Ⓐ♪バスにのって
↓　「到着〜、到着〜　ジュース屋さんにつきました。」
Ⓓ♪ミックスジュース（作詞不詳・アメリカ民謡）
↓　「あぁ、おいしかった。」「もう、おみやげも大丈夫？　もどる？」
Ⓐ♪バスにのって
　　「到着〜、到着。　お帰りなさい！」

（筆者作成）

Ⓐの部分は、車・汽車・船・飛行機・ロケット・魔法のじゅうたん、あるいは散歩など、さまざまな方法での旅行が考えられる。子ども達と一緒に、動物園や季節の国、外国、宇宙など、いろいろな場所に出かけよう。

3 遊び歌と楽器遊び

　遊び歌を通して、子ども達はさまざまな動きや表現を経験する。それは同時に、楽器の操作への導入になっていると考えることができる。手を叩いたり、膝を叩いたりする動きは、カスタネットやタンブリン、太鼓を鳴らすときの動きに近い。また、「とんとんとんとんひげじいさん」の動きは、鈴を鳴らすときの動きに似ている。友だちとの手合わせも、合奏への導入と考えることができるだろう。

　遊び歌を十分に遊び込んだら、そこに楽器を加えてみよう。遊び歌はシンプルなので、簡単に楽器を加えることができる。

(1) いろいろな楽器を使って

　子ども達が自分の好きな楽器に触れられるよう配慮しながら、保育者も一緒に楽しもう。

【実践例①】

「しあわせなら手をたたこう」（木村利人作詞・アメリカ民謡）

歌詞を、「しあわせなら楽器ならそう」「しあわせならカスタネットさん」「しあわせなら〇〇ちゃん」「しあわせなら〇組さん」など、自由に変えて遊ぼう。

クラスの人数や楽器の数によってやり方を工夫しよう。

【実践例②】

「音のマーチ」（東龍男作詞・山本直純作曲）

歌詞を、「〇〇くんの音がする」「タンブリンの音がする」「おひざの音がする」「みんなの音がする」など、自由に変えて遊ぼう。

【実践例③】

「山の音楽家」「あわてんぼうのサンタクロース」のオノマトペに合う楽器を子ども達と考え、加えてみよう。

(2) 手作りカズーを使って

カズーとは、アフリカを起源とする楽器で、膜鳴楽器の一種である。声がそのまま音に変化するため奏法が簡単で、子ども達にとって負担のない旋律楽器といえる。

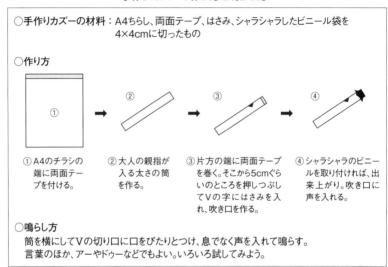

(細田案)

【実践例①】

2つのグループにわかれて、「コブタヌキツネコ」を歌ってみよう。

【実践例②】

カズー隊を結成して、リズミカルな歌にカズーを加えてみよう。鳴らしたい子どもがいつでも鳴らせるような環境をつくろう。

【参考文献】
園と家庭をむすぶ「げんき」編集部編『映像で見る3・4・5歳のふれあいうた・あそびうた ―心と身体を育む118の関わり』エイデル研究所、2014年
川口潤子「手作り楽器『カズー』を使ったオルフ音楽教育の実践」日本保育学会第69回大会、2016年
児嶋輝美「手遊び歌の種類と成り立ちについて」『徳島文理大学研究紀要』第84号、2012年、pp.65-74
細田淳子編著『あそびうた大全集200』永岡書店、2013年
ロジェ・カイヨワ、多田道太郎・塚崎幹夫訳『遊びと人間』講談社学術文庫、1990年

(川口 潤子)

第10章 幼児の身体表現活動

第1節 領域「表現」における身体表現活動

1 子どもの身心の発達を促す身体表現活動

(1) 関わりの中で発展する身体表現活動

　表現は、子どもが生活の中で聞いたり感じたりしたことを、子どもの内から外に、何等かの媒体を通じて表すことである。保育の現場では、子どもが、欲求、考え、出来事などを、全身で表している姿がよく見られる。例えば、急いでいることを、手足をバタバタさせて表したり、自分の思いを通すために、手を大きく振り回しながら注目を集めたりする等である。動物園に行ったときの出来事を保育者に話す際、ライオンになりきって、どのようにライオンが歩き回っていたかを表現したり、遊園地で観覧車に乗ったときの怖さを、全身で表現したりする姿もよく見られる。子どもにとって表現の一方法である身体表現は、子どもの思いや感じたこと等を、相手に伝えるための有効な手段であり、関わりの中で行われる身体表現は、自発的で自然なものである。身体表現は、友だちとの関わりの中でさらに工夫され、時には、自然な流れで、活動に発展することがある。以下は、A幼稚園のエピソードである。

〔事例〕
　幼稚園の園庭に小屋があり、一人の子どもが入って遊んでいた。その日は雨が降っており、小屋の屋根に当たる雨音に興味を覚えた子どもは、保育室に戻って、保育士に音の面白さを伝えようとした。言葉だけではなく、身体表現を行いながら伝えようとする子どもに反応し、周囲にいた子ども達が、小屋に行って確認すると言い出す。音を聴いて帰ってきた子ども達は、互いに、音に適した表現を

> 行っていたが、その中のA男の表現を見て全員が共感し、雨音を表す表現として認め、真似し始めた。

　この遊びは、クラス全員が音を聴き終えるまで継続されたので、保育者は、子ども達と相談の上、グループで聴いた音を発表し合う場をつくることにした。このように、身体表現を行う過程では、友だちと表現を確認したり、認め合ったり、新しい動きを考えたりすることが何度も行われ、協同して行う身体表現活動まで発展することがある。

(2)「幼児期の終わりまでに育ってほしい姿」を意識した身体表現活動

　幼児の身体表現活動は、このエピソードに見られるように、表現を人に認められた満足感、納得いく表現を考えた上で得られる達成感を原動力とし、さらなる身体表現の工夫を個人・協同で深めていくことが理想的である。また、友だちと身体表現を見せ合うことにより、省察、判断、試行錯誤等を繰り返すことを体験し、表現力だけではなく、表現を定めるための判断力、さらに表現を工夫する思考力を身に付けることが可能になる。2017年告示の幼稚園教育要領に記載された「幼児期の終わりまでに育ってほしい姿」には、「(3) 協同性」「(6) 思考力の芽生え」の中で、考える、工夫する、気づく、考え直すなど、創意工夫することを重視する文言が記されている。今後の、領域「表現」における身体表現活動では、身体や他の媒体で自分の思いを表すことはもちろん、新たな気づきや発見から、協力して新しい表現を考え、自分の考えをよりよいものにする等、創意工夫が構成的に盛り込まれた内容が望まれる。

2　身体表現活動による心身への効果

　保育の歌活動の際、子どもが歌詞の意味に沿った、即興的な身体表現を行うことは珍しくない。例えば、「おばけなんてないさ」（作詞：槇みのり、作曲：峯陽）の歌詞にある「ぼくだってこわいな」という箇所では、うずくまる、身を縮ませる等、全身で「怖さ」を表現する子ども、それを見て、おばけ役になって驚かす表現をする子どもの姿等が見られる。

友だちの身体表現を見ながら自分の動きを決めたり、新たな表現を行ったりするうちに、彼らの身体表現は、より工夫されたものになっていく。自分の思いを表出するだけの身体表現から、歌詞の意味、登場人物のシチュエーション、音楽の拍子を考えて身体表現を行うことができるようになる。この曲の場合、おばけになりきることを楽しむだけではなく、歌をうたいながら、歌詞の進行に合わせて、身体表現を変えていくことができるようになる。例えば、B幼稚園で、この歌を歌っている時、冒頭の「おばけなんてないさ」の箇所では、おばけになりきって、声も震え声で歌っている子どもが、歌詞の「ぼくだってこわいな」という箇所では、人間役になりきって、怖がる身体表現を行っていた。そばにいた子どもが「おばけなのか、人間なのか、どっちなの」と聞くと、「おばけに決めた」と答えた子どもは、曲が5番に至るまで、おばけに徹した身体表現を行っていた。

　この場面では、友だちの意見を聞き、表現する対象を変えること、歌詞の意味を理解し、音楽に合わせて歌いながら身体表現することが同時に行われている。歌詞を注意深く聴きとり、その意味を理解して身体表現を行うこと、音楽に合わせて体を動かすことを、子どもが同時に体得できるため、歌詞の意味を深く豊かに感じ、音を体感する心地よさを知る等、子どもの心身の発達に、より良い効果を与えることが考えられる。

第2節　身体表現活動の指導法

1　発見・学びにつなげる身体表現活動の指導

　身体表現活動を、子ども主体の活動、学びにつながる活動にするためには、子どもの興味・関心を基にしたトピックスを題材に、活動を臨機応変に展開する指導法を練ることが必要である。子どもだけに活動を委

ねるのではなく、子どもの気づきが、身体表現をさらに深めていけるように、どのような援助を、いつ、どのように行うかをあらかじめ考え、子どもの行動を予測して、活動の流れを定める。活動が実際に始まると、彼らは思いもしないところに興味を持ったり、さまざまな身体表現を、勝手気ままに試したりすることが予想されるため、保育者は、表現活動が個々の即興的な遊びで終わってしまわないように、それぞれの身体表現を認めつつ、協同して身体表現を深めるために必要な展開を、複数考えておく必要がある。

　例えば、「森のくまさん」（アメリカ民謡）を歌う際、幼児はただ歌うだけではなく、くまや、くまに出会った女の子になりきって、怖がったり、驚いたりする表現を行うことが考えられる。保育者は、それを予想した上で、音楽を体感しながら、身体表現活動を協同して楽しみ、深めるような活動の展開を考える。くまに出会ったときには、どのような反応をするかについて子どもに聞き、個々の子どもの提案を全員に伝えた上で身体表現を楽しんだり、くまと女の子役に分かれて、出会ったときの場面をグループごとに表現したりするのもよい。くまになって走り回ることに、子どもが興味を持てば、音楽をよく聴きながら、協力して走る方法を考えるように声がけしたり、歌詞の意味を考え、適切な身体表現かどうかを確認したりする声がけを行う等、遊びの中で考え合い、さらに新しい身体表現を考えていけるように援助する必要がある。

　また、好き勝手に身体表現したり、音楽の流れを無視したような表現に対し、注意し合う子どもの姿も現場ではよく見られる。身体表現活動が子どもにとって心地よく、楽しいものであれば、子どもは協同で表現活動を楽しむ環境を守るために、ルールを自分たちで共有しようとする。幼稚園教育要領「幼児期の終わりまでに育ってほしい姿」には、学ぶ、考えるという項目が重視され、考えたり、気づいたり、新しい発見を伴いながら、幼児の学びにつなげていくことが期待されている。今後、子どもの身体表現活動における指導には、子どもによる主体的な環境づく

りから協同性・社会性等を培い、活動の中で生じる気づきから、学びにつなげることが求められる。

2 子どもの身体表現活動実践例

ここからは、協同で行う身体表現活動、学びにつながる身体表現活動を、A幼稚園の事例を基に紹介する。

3件の遊びの指導の流れと、子どもの様子、保育者の援助について記す。

(1) 歌遊び

▶即席ミュージカル「ハッピーチルドレン」（作詞：新沢としひこ、作曲：中川ひろたか）

〔ねらい〕
　□ 息継ぎの方法を考え合う
　□ 音楽を全身で感じ、歌詞の意味を考えながら、協同して身体表現を考える
　歌あそびを、歌うだけに終わらせず、子どもが歌い方を考え、友だちの表現を見て自分の表現を工夫し、それを全員で行う身体表現に活かせるように、活動を考え、活動を組み立てることが必要である。対象年齢は4歳・5歳児であるが、3歳児であっても、真似をすることからはじめ、少しずつ表現を考える活動の経験を重ねれば、実施可能である。

〔指導の流れ〕
　「ハッピーチルドレン」を斉唱する。→息継ぎを楽にするための歌い方を考える。
　→考えた歌い方を取り入れ、グループに分かれて歌う。
　→歌詞に沿った身体表現を考える。→全員で身体表現を見せ合うための方法を考える。

〔子どもの様子〕
　「ハッピーチルドレン」には、素早く息継ぎをすることが求められるフレーズがあり、保育者がそれを子どもに伝えると、「グループ（数名）に分かれて歌えばよい」という返事が返ってきた。「ハッピー」というフレーズを、4つのグループに分けて歌うことを楽しんだ子ども達に対し、保育者は、サビ部分の身体表現をグループ毎に考えることを提案する。子ども達は提案に賛同し、それぞれの身体表現を考え始めた。グループで発表する時、互いのグループの表現が見たいという声が挙がり、どうしたらよいか考えるように保育者が声がけすると、子ども達は、同じグループ、異なるグループ、どちらにも身体表現が見えるように、向かい合って立つことを考え出した。
　さらに、ステップを踏みながら歌うことが提案され、2つのグループが向かい合って立ち、近寄ったり離れたりしながら、歌うことが繰り返された。曲の最後にポーズを決めたとき、「ミュージカルみたい」という声が挙がっていた。

〔保育者の援助〕
　子ども達が歌い方を考えたり、歌詞に即した身体表現に興味を持ち、ステップを踏みたいと考えたり、全員で楽しむための立ち位置を工夫したりするところに、保育者

は着目することが必要である。活動の冒頭で、息継ぎの問題を解決するために、何度もフレーズを口ずさむことにより、十分に歌を覚え、楽しむ経験は得られている。そこから、子どもの新たな気づきを引き出すために、4つのグループを活かした身体表現活動の提案を行う。保育者は、身体表現を考える一員として各グループに参加しながら、「ハッピー」な気持ちをどのように身体表現するか考えるように声がけを行う。

また、歌詞に即した身体表現、より効果的な表現の見せ方等を子ども達が考えやすいように、保育室を舞台に見立て、さまざまな立ち方を子どもとともに試し、身体表現をみんなで楽しむための方法を話し合える環境を整える。

子ども達が音楽に合わせて身体を動かすことを共に楽しみ、共感したり、達成感を得たりすることによって、次の活動への期待が高まり、身体表現を主体的に行おうとする姿勢を育む。より効果的な演出を考える姿勢は、表現の幅を広げることにつながる。

(筆者作成、以下同)

(2) 集団遊び　▶ミックスサンド

〔ねらい〕
□ サンドイッチの具材に適したリズミックな身体表現を考え合う
□ 友だちとタイミングを合わせて歌う

子どもが、具材に適した表現を協力して考え、リズムを感じながら身体表現し、短いフレーズをタイミングよく歌うことを楽しめるように、活動の展開を考える。対象年齢は5歳児であるが、3歳・4歳児でも、ルールを簡単にしたり、保育者が身体表現のパターンを考えておき、それを子どもが選択したりする等、援助を行うことによって実施できる。

〔指導の流れ〕
ハム役の子どもを何人か選び、「ハム」と歌って身体表現しながら、リズミカルに部屋中を動き回ってもらう。
→パン役の二人が、「パン」と歌って身体表現しながら、近くにいるハム役を真ん中にして両側から挟む。
→3名で人間「ハムサンド」が作れたら、タイミングを合わせ「ハムサンド」と歌って座る。
→子どものリクエストに応じて、挟む具材を増やし、それぞれの具材ごとに集まって、具材の歌と身体表現を考える。
→たくさんの具材に動き回ってもらい、同じようにパン役が挟んで、人間「ミックスサンド」をつくる。

〔子どもの様子〕
最初は、保育者が考えた「パン」の表現を楽しんでいた子ども達だったが、時間が経つにつれて、新しい表現を考え始めた。「パンは、手をたたいて（パンパンたたいて）移動する」と提案した子どもに対し、面白いと賛同する声が挙がり、その後、次々と身体表現の提案が続いた。「レタスは切って食べるから、切る真似をしながら動く」、「トマトは丸いから、手で大きく丸の形をつくりながら歩けば、誰でもトマトとわかる」等、子どもたちは、身体表現を定めた理由を伝え合いながら、自分の表現をアピールしていた。友だちの表現を見て、「なるほど」と納得する声もあれば、「わかりにくい」という声も挙がり、みんなの前で表現を修正する子どもの姿も見られた。

〔保育者の援助〕
　子どもの身体表現は、真似から始まり、そこから個々の思いや、経験から得たイメージを基に、身体表現を工夫することによって深まっていく。保育者は、子ども達が、具材にふさわしい身体表現を楽しみながら考えられるように、提案された動きをみんなで共有できるようにする。また、自らの身体表現の意味付けを子どもなりに考えられるように、表現を選んだ理由などを子ども達が言える場、確認する場、修正する場をつくることにも留意する。
　協同で行う身体表現活動では、子ども一人ひとり身体を動かし、心地よさを知るところから、表現する題材と身体の動きとの関係を考える、友だちの意見を基に、よりふさわしい表現を工夫するところまで、「創意工夫」を段階的に行えるよう考えて指導することが大切である。また、少人数から始まり、最後は大人数のグループで歌うタイミングを合わせる、歌いながら座ることにより、リズムや歌に合わせた身体表現を体得することが可能になる。具材を増やして新たなサンドイッチ作りを行うことを繰り返す等、経験を深める工夫も必要である。

(3) 手遊び　▶宇宙人（リズムボックスを使用した身体表現活動）

〔ねらい〕
　□ 手遊びを全身で表現する楽しさを知る
　□ リズムに合わせて、手遊び歌をうたったり、身体表現を考えたりする
　子どもが、さまざまなリズムパターンに興味を持ち、音源にじっくりと耳を傾け、それぞれのリズムに合わせた動きを考え、友だちと動きを共有して楽しむことができるように、活動の展開を考える。全ての年齢を対象に活動を行うことができるが、子どもがリズムを聞いて興奮し、動きが激しくなる場合があるので、特に低年齢児には、安全面の配慮が必要である。

〔指導の流れ〕
　手遊び宇宙人をする。
　→キーボードのリズムボックスに合わせて、全身を使って手遊び宇宙人をする
　　（歌詞はラップ調に言う）。
　→リズムの種類を変え、それに適した身体表現を子どもに考えてもらう。
　→子どもの提案を全員で共有し、さまざまなリズムに合わせて、子どもが考えた身体
　　表現を行いながら、手遊び宇宙人をする。

〔子どもの様子〕
　最初は、座って宇宙人の手遊びを楽しんでいた子ども達だが、保育者が、キーボードに内蔵されている100種類のリズムパターンを紹介し、「リズムに合わせて宇宙人をしよう」と提案すると、元気よく立ち上がった。ロックンロールのリズムをスタートすると、子ども達はエイサーのような動きをし、宇宙人の手遊びの歌詞をリズムに合わせて言いだした。その後、スイングのときは、静かに足踏みをしながら小声で歌詞を言う動きに全員が賛同し、笑いをこらえながら、沈黙を守って足踏みをしたり、ラテン系のリズムの時は、駆け足をしながら、早口で歌詞を言ったりする子どもの姿が見られた。

〔保育者の援助〕
　手遊びは、歌いながら手で何かを形づくったり、手を使って、歌詞に沿った表現を行う遊びであるが、この活動では、それを全身で表現する楽しさ、リズムにのって行うことの心地よさを、子ども達が体感できることを大切にして指導する。キーボードから流れる、さまざまなリズムに耳を傾けることができるように、リズムを流す前に「どんな音が出るかな」と、もったいぶった言い方をする等、子どもの期待を高め、集中できるような声がけをする。また、活動の流れを妨げないように、全員で好きなように踊る場面、一人が考えた動きを全員で共有する場面、他者の動きを見て、納得、確認を経てから動きを楽しむ場面をバランスよく取り混ぜ、活動にメリハリをつけるようにする。
　宇宙人の活動は、集中して音（この活動の場合は音源）を聴く姿勢を育み、リズムに合わせた身体表現を即興的に考え、リズムにのってセリフを言うことが、同時に体得できる身体表現活動である。保育者は、キーボードのさらなる効果的な使い方を考え、活動を組み立てる必要がある。

3　まとめ

　子どもの身体表現活動は、関わりの中でさらに洗練され、工夫されたものになっていく。また、活動の中で得た感動や楽しさは、表現意欲を高め、身体表現を深めることにつながっていく。表現を考える過程で、他者の表現を見て自分の表現に取り入れる、提案を受けいれて表現を修正する等の経験は、認め合い、考え合うことによって相互関係を深め、社会性の基盤を培うことにつながる。

　以上を念頭に置き、子どもが身体表現活動を経験することによって、何を学ぶことにつながるのかを考え、指導を練ることが大切である。

【参考文献】
　今井真理編著『保育の表現技術実践ワーク—かんじる・かんがえる・つくる・つたえる』保育出版社、2016年
　黒川建一編著『保育内容「表現」』（新・保育講座11）ミネルヴァ書房、2004年
　星山麻木・板野和彦『一人一人を大切にするユニバーサルデザインの音楽表現』萌文書林、2015年
　無藤隆監修、吉永早苗著『子どもの音感受の世界—心の耳を育む音感受教育による保育内容「表現」の探究』萌文書林、2016年

（植田恵理子）

第11章 幼児と器楽

第1節 楽器と関わる身体

1 乳幼児の身体の発達

　幼児の器楽活動を考える手始めとして、まずはモノと関わる身体の発達について乳幼児期から連続的に理解する必要があるだろう。

　楽器を演奏する、楽器で表現するという行為は、人間の身体的な発達の過程と深く関わっている。**図表11-1**のように、乳幼児期の著しい成長に伴って、可能な動きが増え、活動範囲も拡大する。手を動かして何かを握ったり、持ち替えてみたり、手と手を合わせてみたりと、動くことで世界と関わり、返ってくる感覚を積み重ねることでさまざまなものの存在を認識していく。さまざまな行為を通して自分の身体の使い方を試

図表11-1　乳幼児の身体の発達

	4カ月	6カ月	10カ月	1歳6カ月〜2歳	3歳	4歳	5歳
全身運動	手と手足と足を、触れ合わせる。	寝返り、旋回をする。	四つばい→お座り→つかまり立ちなど、姿勢の変換が自由にできるようになる。	目的に合わせて、体の方向を変えることができる。	人の動きを見て模倣ができる。	「〜しながら、……する」活動ができるようになる。	複合的な運動が、可能になる。
手指の動き	持ったものを振ったり、口に入れたりする。	手に持ったものを、逆の手に持ち替えることができる。	親指と人差し指で小さいものをつかむことができる。	物を、器へ入れたり、分けたり、移したりできるようになる。	両手の交互開閉が、できるようになる。	両手の機能分化が進む。	手順をイメージして、動かすことができる。

出典：[河原ほか、2011] を基に筆者作成

したり、加減したりすることは楽器を演奏することの土台となる。器楽活動は、正しい奏法で楽器を演奏することも大切な側面ではあるが、その前提として人間の体の動きが生み出す創造的な行為であることへの理解が不可欠である。

　ここで、モノと関わる身体に関する概念を紹介する。アメリカの知覚心理学者ギブソン（J.Gibson,1904〜1979）は、英語の動詞「afford（〜を与える、提供する）」をもとに「アフォーダンス(affordance)」という造語を用いて、環境が人や動物に与える影響を説明した。例えば、カスタネットはその楽器の奏法が決まっているが、子どもは手で叩いて音を出す以外の、例えば棒で叩く、振ってみるといった方法で楽器に関わることがある。楽器がそこに存在することで、これらの多様な行為が行われる可能性が生じる。こうした可能性が存在する関係をアフォーダンスと呼んだ。

　つまり、子どもたちにとって楽器は、単に「音の出るモノ」というだけではなく、多様な動きや感覚が引き出され、それを扱う自分の身体を感じたり、身の回りの環境や人と関わったりする機会を生み出す重要な窓口となりうるということである。よって保育者には、比較的自由度の高い楽器を選択したり、それらの配置を工夫したりと慎重な環境設定が求められる。

2　楽器との出会い

　楽器を用いた活動ならではの楽しさや学びとは、どのようなものだろうか。器楽活動によって子どもたちは多様な音に触れ、また、友だちと関わることで音楽文化への理解を深めていく。器楽体験を通して育まれる力と、それらを育むための保育者の関わりについて考えていこう。

(1) さまざまな楽器を知る、音を知る

　子どもたちが楽しく楽器と関わる場をつくり出すために、まずは保育者が楽器について理解を深めておく必要がある。

一般的には「弦楽器」「打楽器」「管楽器」の３つのグループ分けが知られているが、これらは西洋音楽の歴史に根差した分類法である。一方で、わが国の伝統音楽である雅楽では、楽器類がその奏法で「打ち物」「吹き物」「弾き物」に分類されており、奏法や楽器の構造に着目するなど、楽器の分類にもさまざまな観点があることがわかる。

　世界中の諸民族の楽器を含む多種多様な楽器類には、背景となる文化や風土、伝統が存在していること、それらを奏でる人々の営みがあることを理解し、子どもたちと楽器をつなげていくことが求められる。

　ここでは、ザックス（C.Sachs, 1881～1959）と、ホルンボステル（E.Hornbostel, 1877～1935）が分類した５つの楽器群を紹介する（Sachs 1940）。音の出し方や奏法、構造によって分類されている点が特徴的である。子どもの器楽活動によく用いられる楽器類はどの群に属しているだろうか。

①**体鳴楽器**——楽器そのものの振動や共鳴によって音が出る楽器。金属や木片などの固体に「打つ」「はじく」「こする」などの刺激を与えて音を出す。トライアングルやカスタネット、ギロ、鈴、木琴、カウベルなどが含まれる。

②**膜鳴楽器**（まくめい）——張力を持たせて張った膜を「打つ」「こする」などして振動させ、胴を共鳴させることで音が出る楽器。いわゆる太鼓の類である。しめ太鼓、ジャンベ、スネアドラム、ボンゴなどが含まれる。

③**弦鳴楽器**——弦を振動させて音を出す楽器。弦を指などではじく物、弓などでこするもの、バチで打って鳴らすものなどがある。特徴は、音程を自由に出すことができる点である。ピアノ、ギター、ハープ、ヴァイオリン、二胡（にこ）などが含まれる。

④**気鳴楽器**——楽器内に送り込まれる空気の流れが刺激となって音が出る楽器。気鳴楽器は、発音の方法によって、さらにフルート属、リード属、トランペット属、ハーモニカ属に分かれている。大部分

の気鳴楽器は、演奏者の息によって生じた振動が管に共鳴する仕組みだが、例えば、アコーディオンやオルガンのように空気を送り込む方法が異なる楽器もある。鍵盤ハーモニカ、尺八、リコーダーなどが含まれる。

⑤**電鳴楽器**——テクノロジーの発展と共に登場した楽器。エレクトリックギターのような電気増幅楽器と、電子オルガンのような電気発音楽器がある。

(2) 楽器への興味関心を高めるさまざまな取り組み

子どもたちの楽器への興味関心を高めるアプローチにはさまざまなものがある。楽器そのものに面白さがある場合もあれば、環境設定の工夫やその他の活動と組み合わせることで楽しさが増したり、興味がわいたりする場合もある。ここでは、近年注目されているアプローチを紹介する。

①**アウトリーチ**

アウトリーチは、演奏家が幼稚園や保育所などにおもむき、子どもたちに音楽を届けたり、ワークショップ形式で音楽プログラムを展開したりする活動で、この15年余りで多くの実践が行われてきた。

演奏家が目の前で奏でる音にはエネルギーがあり、子どもたちは楽器の形や大きさ、音量、そして奏者の様子などに驚き、おのおのの興味に合わせてさまざまな発見をする。本物の楽器を前にすることで、楽器そのものへの興味がかき立てられると同時に、しばしば演奏家の仕草や奏法を見て真似たり、遊びの中で試したりするきっかけになることがある。

音楽の専門家である演奏家と協働することで、音楽的な活動に広がりが生まれる。子どもと楽器の出会いの場としてのアウトリーチの機能に、注目が集まっている。

演奏家の実演に接した子どもたちはさまざまな発見をする

（筆者提供）

②さまざまな民族楽器

　世界中にはさまざまな民族楽器があり、それらの形や素材の手ざわり、プリミティブな音は私たちの好奇心を刺激する。どの部分を持ってどのように音を出すのか、不可思議な楽器を前にして、子どもたちは振ったり、かついだり、回したりさまざまなことを試す。こうした探索行動を経て、自分のお気に入りの音や奏法を見つけていく。

　民族楽器は、その楽器の奏法の正解・不正解ではなく、楽器の存在そのものが子どもたちに働きかけてくるという点で、年齢に関係なく活動に取り入れることが可能である。

　写真の右は、カシシという。細い木やつるで編んだ入れ物の中に小石や豆、木の実などを入れて演奏する民族楽器で、アフリカ、南アメリカが発祥地である。

レインスティック

カシシ

（2点とも筆者提供）

底の材質はヤシの実、ひょうたん、プラスティックで作られている。中には、小石、豆、木の実、ビーズ、金属球、王冠などが入っている。

　写真の左は、レインスティックという。乾燥したサボテンを用いた楽器。さらさらと雨が降るような音がすることに由来する。自然の恵みから生まれた楽器とも言える。子どもに人気の楽器のひとつである。

③キッチン・ミュージック

　鍋やフライパン、まな板、ボウルなど身近なキッチン用品を使って子どもたちが楽しく演奏する活動で、何でも楽器にしてしまうという発想から、音遊びや楽器遊びに取り入れられている。音を楽しむだけでなく、簡単なリズムを用いたリズムアンサンブルに展開するなど、発達段階に応じてアレンジが可能である。楽器の概念を拡張するという意味でも興味深い活動である。

第2節 保育における器楽活動

1 器楽活動の歴史的展開

　明治初期に始まった我が国の近代保育制度の中では、音楽に関係する活動としては、歌を歌う「唱歌」と、音楽に合わせて身体を動かす「遊戯」の二つの活動が保育内容に位置づけられ、行われていた。文部省『幼稚園唱歌集』（1887［明治20］年）には、幼稚園の設備としての楽器の必要性が早くから明記されてはいたものの、器楽活動それ自体が制度として位置づいていたわけではないこと、また、楽器の購入等の経済的な理由から、第二次世界大戦前は、ある一部の幼稚園や保育所で実施されるにとどまった。

　昭和30年代40年代（1950年代後半～1970年代前半）には高度経済成長の中、子どものお稽古事や早期教育への関心が高まり、各幼稚園や保育所において幼児の器楽活動やマーチングバンド活動が活発に展開されるようになった。器楽活動は園の行事（運動会や発表会）との結びつきも強く、指導者も保育者も成果を発表し、共有できる器楽活動に熱心に取り組んでいた（吉永、2006）。

　しかし、昭和50年代（1970年代後半）以降、「遊びを中心とした保育」「環境を通しての保育」への緩やかなシフトチェンジの中で、こうした合奏活動の訓練的な側面への批判が見られるようになる。1956（昭和31）年刊行の『幼稚園教育要領』、1965年（昭和40年）刊行の『保育所保育指針』以降、「楽器の演奏を楽しむこと」が子どもにとって必要な経験として制度や保育内容に位置づけられ、現在に至っている。

　以上のような時代を経て多様な実践が展開されている現在、演奏技能を習得したり、合奏をして発表したりすること以外に「楽器を用いた活動」にはどのような可能性があるのか、子どもがより主体的に関われる

器楽活動を改めて考え実践していくことが求められている。

2　楽器で遊ぼう ── 器楽活動の実際

(1) 演奏する

　幼稚園や保育所ではしばしば、鍵盤ハーモニカを用いた活動が行われている。合奏のひとつの楽器として用いられる場合もあれば、小学校との接続を見越してすべての園児を対象に手ほどきがなされる園も少なくない。また、竹太鼓や和太鼓を音楽活動に取り入れたり、マーチングバンドに力を入れたりするなど器楽活動がそのまま園の特徴と結びついているケースもある。

　いっせいに演奏する場合、問題となるのはその指導方法である。言葉を用いたリズムの理解や図形、色楽譜の使用など、子どもの状態に合わせた対応が必要である。一方で、そもそも子どもが主体的に楽器に関われる活動となっているか否か、についても慎重に考える必要がある。

　日常的な保育の中では例えば、トーンチャイムやインドネシアの楽器アンクルンなどを用いて、ペンタトニック（五音音階）で音遊びをするなど、「できる／できない」とは違う視点での楽器遊びのアイディアは豊富に存在する。第4章などで触れたカール・オルフ（Carl Orff, 1895～1982）の子どもの音楽表現なども参照されたい。

(2) 手作り楽器

　手作り楽器の制作も、子どもと楽器をつなぐ重要な活動である。ペットボトルや紙コップを使い、お米や拾ってきたドングリを入れたマラカス、空き缶や空き瓶（びん）を使った笛、食用ラップの芯（しん）にセロハンでふたをしたカズーなど、身近な素材を用いて自分だけの楽器を作ることは特別な経験となる。さらに、それらを使って合奏をしたり、友だちと聴き合ったりと、他者とのコミュニケーションに用いることで楽器に対する愛着が生まれ深い理解へとつながっていく。

3 子どもと楽器、そして文化へ

　子どもたちは多様な経験を通して、楽器の使い方や身体の使い方、ある音楽的なコミュニティの中での楽器の役割、音色の特徴などの理解を深めていく。

　本章を振り返ってみると、楽器を使った活動は、楽曲を演奏する知識や技能を獲得するだけでなく、モノと人の関わり、音と人の関わり、そして人と人との関わりを内包した、人間の心身の育ちに不可欠な活動のひとつであることがわかる。楽器という「モノ」、そして、演奏するという「コト」を通して、子どもたちは新しい世界に接し、意味づけながら豊かに成長していく。それは子どもたちが人や環境や文化との間に新しい関わりをひらく力の育成にもつながっていくだろう。

　保育者には、子どもたちが興味と愛着を持って楽器と触れ合うことができるように、子どもの発達段階と場の状況、そして、子どもの姿を総合的に判断し、長期的な音楽との関わりも視野に入れて保育計画をデザインしていく力が求められる。

【参考文献】
河原紀子監修『0歳〜6歳子どもの発達と保育の本』学研教育出版、2011年
佐々木正人『アフォーダンス入門——知性はどこに生まれるか』講談社学術文庫、2008年
吉永早苗「幼児期のマーチング活動に関する考察——その是非を問う」『音楽教育実践ジャーナル』3(2)、2006年、pp.6-15
Sachs, Curt, The History of Musical Instruments, New York : Norton, 1940.（邦訳：クルト・ザックス、柿木吾郎訳『楽器の歴史』全音楽譜出版、1965年）

（小井塚ななえ）

第12章 音楽シアター

第1節 児童文化財としての音楽シアター

1 音楽シアターとは

　幼児期に出会うことの多い児童文化財には、視覚や聴覚に訴えるメディアが多くある。その代表的なものには、絵本や紙芝居、実演される人形劇などがある。本章では、特に音楽を用いたものとして、人形劇、ペープサート、パネルシアター、エプロンシアター等を取り上げる。

2 シアタースタイルの児童文化財

(1) 人形劇

　人形劇とは、人形遣いが人形をあやつって演じて見せるものである。あやつるのは人間であるが、人形が動いたり、話をしたりすることで、表現を形式化したり、象徴化したり、簡略化したりできる。そのため、より内容が直接的に伝わりやすく、子どもの心に響くものになる (市毛、2013)。

　保育の場において、よく利用される人形劇は「指人形」「手遣い人形」である。以降で紹介するペープサートやパネルシアター・エプロンシアターも人形劇の形式のひとつと言われている。

　人形は人間と違って表情を変えることはないが、子どもの心を映す鏡ともいえる。お話の筋に沿って登場人物の感情が変化すると、子どもの目に、変化するはずのない人形の表情が喜んだり、悲しんだりしているように思える。そうして子どもは人形に深く共感するのである。

写真1（軍手シアター） 写真2（人形）

　写真1の軍手を使った指人形は「かえるの合唱」「チューリップ」「のねずみ」「ぞうさんのぼうし」「三匹のこぶた」である。歌に合わせて指を動かしながら楽しむことができる。演じ手は人形を動かすことだけに集中せず、あたかも人形自身が子どもたちと交流しているかのように、人形の動きを子どもたちの呼吸に合わせていくことを心がけたい。

（2）ペープサート

　ペープサートは、人物や物の絵を描いた紙に棒をつけたものを動かして演じるもので「紙人形劇」とも呼ばれている。ペープサートの特長は製作・操作が簡単であることと、表と裏で人形の動きや表情、ま

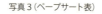

写真3（ペープサート表）　写真4（ペープサート裏）

（2点とも筆者提供）

た物の状態の変化を表現できることである。巻き込みペープサートは、巻物のようにして音楽のリズムに合わせて広げていくと効果的である。

（3）パネルシアター

　パネルシアターは、1973年に古宇田亮順（1937～　）によって創案された。起毛した布（フランネル）を貼ったパネルボードに、絵または文字を描いた不織布（Pペーパー）を貼ったりはがしたり動かしたりして、物語を演じたり、歌ったり、ゲームなどを行ったりするものである。また、貼ってはがすという動作のほかに、裏返す、重ね貼りをする、切込みに挟む、ポケットから出し入れをする、糸じかけによって動いているように見せる、糸どめによって関節を動かすなど、さまざまな仕掛けを施し、いろいろな効果を演出することができる。

写真5（花火）　　　写真6（おはようクレヨン）

(2点とも筆者提供)

　Pペーパーには、身近な用具で絵を描くことができる。また蛍光塗料で着彩した絵人形を作り、黒色の布を貼ったパネルボード上でブラックライトを当てると真っ暗なボードに絵が鮮やかに浮かび上がる。「たなばたさま」（権藤はなよ、林柳波作詞、下総皖一作曲）の星や天の川、「花火」（井上越作詞／下総皖一作曲）の打ち上げ花火は、子どもにも大人にも大好評である。他にもクリスマスや宇宙を題材にすると、幻想的な世界を生みだすことができる**(写真5)**。

　パネルシアターは自由度の高い表現手段であると言われる。演じ方が細かく決められておらず、見ている子どもたちの状況や反応を大切にすることが特徴である。そこから演じ手と観客に一体感が生まれ、楽しさを共有するのである。音楽によるパネルシアターは、皆で歌ったり、手拍子や簡単な動作をする楽しみがあり、参加型の活動として親しまれている。

　写真6は「おはようクレヨン」（谷山浩子作詞・作曲）の歌に合わせて、ペットボトルで作ったクレヨンの中から出てきた野菜やパンを、テーブルに見立てたパネルに朝食としてセットしていくシアターである。

(4) エプロンシアター

　エプロンシアターは、1979年に中谷真弓により考案された。胸当て式エプロンを身に付けた人物（演じ手）が物語を語りながら、それに合わせてポケットから人形を取り出し、エプロンに張り付けて演じるもので

ある。人形とエプロンには、マジックテープを付け、人形を容易に付けたり、はずしたりできるようにしておく。また、物語の背景をエプロンに縫いつけ、切込みや隠しポケットなど、さまざまな仕掛けを作り、物語に視野的効果を与えることもできるよう工夫されている。

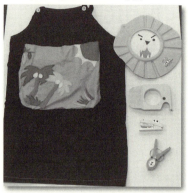
写真7　(学生[日下部愛莉]の作品)
(写真は筆者提供)

　子どもにとってエプロンは、自分が信頼する人(母親や教育者)の体の一部なのである。エプロンにしがみつくことは、肉体に接触しているのと同じ意味であると考えられている(中谷、1989)。**写真7**は「ジャングルポケット」(長谷川勝士作詞／福田和禾子作曲)である。

(5) スケッチブックシアター

　歌やお話に合わせて、スケッチブックをめくったり戻したりしながら物語を展開させていく。スケッチブック1冊の中で手軽に作ることができ、どこでも持ち運び活用できることから人気である。また、スケッチブックシアターも表現の自由度が高く、仕掛けなどさまざまな工夫を施すことが可能であり、歌の中のイメージを描写し、次々とめくられる画用紙により、世界が変化するのを楽しむことができる。

第2節　保育の中での実際

1　歌詞のイメージを深めるために

　保育の場において保育者は、子どもの表現モデルとなる。新しい歌を紹介する際、保育者の歌に対する音楽観や表現力が問われる。そして、

写真8（パネルシアター） 写真9（人形）

（2点とも筆者提供）

子どもが歌詞の意味を理解するために適切な教材を用意することが求められる。

「あめふりくまのこ」（鶴見正夫作詞／湯山昭作曲）を例に、具体的な教材分析についてみていく。この楽曲は歌詞が物語になっており、5番までである。子どもたちが物語の世界を感じ取り、無理なく歌詞を覚え、気持ちよく歌うことがねらいのひとつである。歌詞の理解を深めるために、パネルシアターと人形の2つを比較し、伝わる内容の違いについて考えてみたい。

パネルシアターでは「♪おやまにあめがふりました」で山を貼り、「♪ちょろちょろおがわができました」で水が流れる様子の絵を貼る。このことにより、歌詞の中にでてくる言葉とモノが一致し、歌詞の情景を理解することができる。

一方、人形を用いた場合は、くまの気持ちに着目することができる。くまは雨の日を楽しんでいるか、静かな雨模様を感じているか、魚がいなくて残念に思っているか、さまざまな感じ方がある。そのことが歌の曲想表現に関わってくる。その時に保育者がこの曲をどう捉え、どう表現するか、そして、子どもたちに何を伝えたいかがポイントになってくる。

歌詞の意味を伝えるには、パネルシアターを演じながら、ゆっくりとしたテンポで確認していく。また速めのテンポで、人形を付点のリズムに合わせて動かすと、「いたずらくまのこ」らしさが表現される。このようにねらいの設定に適した教材を選択し、表現することが重要である。

2 子どもの発達に願いをこめて

(1)「どんな色がすき」（坂田修作詞・作曲）

1歳になると色に興味を示すが、実際の色と単語は一致していない。また「あか」と「あお」は2語なので言いやすいが、3語である「みどり」や「きいろ」は難しい。特に「きいろ」は「き」と「い」が同じ母音であることから言いにくい。さらに「みどり」と「あお」は区別がつきにくいのが実態である。

楽曲「どんな色がすき」は「♪どんないろがすき？」という問いかけの旋律により、ペープサートで示された色、たとえば「あか」と答える歌である。色は赤、青、緑、黄が出てくる。子どもたちは、この歌を好んで歌う。子どもたちが旋律にのってリズミカルな流れの中で興味をもって、自然と色を理解してほしいという保育者の願いがある。

(2) **コンコンクシャンのうた**（香川美子作詞/湯山昭作曲）

冬になると、風邪をひく子どもが多くなる。この季節にあった内容といろいろな動物が登場する繰り返しの要素をもった歌である。子どもたちはこの歌を通して、「小さい・細い・丸い・大きい・長い」等、状態を表す言葉を獲得していく。

その中で保育者は、あるひとつの仕掛けをした。こぶたの鼻に鼻水を描いて、「鼻水が出ているときは教えてね」と声をかけたのである。鼻水が出たときは、自分から知らせてほしいという願いからである。

写真10（コンコンクシャン）

（筆者提供）

(3) **虫の声**（文部省唱歌）

親の世代から子どもたちに歌い継いでほしい秋の歌である。子どもたちには、自然の中に存在する音に敏感になってほしい。子育てフェスティバルの際、子どもたちはお母さんやお父さんのひざの上で、静寂を

つくり、虫のペープサートを見ながら、虫のなきごえに耳を傾け、しっとりと歌った。子どもたちにはこのような体験も必要であると感じた。

3 子どもたちに絵本の世界を

保育の中で、絵本の読み聞かせは日常よく行われていることであるが、お誕生会や行事、また親子フェスティバルのような大勢を対象にした場面では、複数の演じ手により絵本の世界をダイナミックに表現する。

子どもたちは語り手の声や音楽・効果音にとても敏感に反応する。また登場するペープサートなどの人形の動きをよく見て楽しむ。

例えば『へびくんのおさんぽ』(いとうひろし作)は、へびくんの背中を小さなあり、ゆっくりなかたつむり、跳ねるとかげ、大きなぞう……などが順番にわたるお話である。動物の大きさや特徴、そして動きに合わせて音楽をつけて人形劇にした。絵本の内容が深められ、イメージ豊かな表現となり、子どもたちは次々と登場する動物に興味しんしんであった。

『とりかえっこ』(さとうわきこ作)では、ひよこがねずみ・かえる・ぶた・いぬ・かめと鳴き声をとりかえていく様子を、大きめの背景とペープサートで表現した。ひよこのせりふには旋律を付けた。旋律を繰り返し歌うことで、子どもたちは次へ期待を持ち、一緒に歌うことにより、物語の中に参加することができる。大型の絵・人形と語りや音楽のコラボレーションによってお話の世界がより豊かになり、広がっていく。

4 遊びを通し、自ら表現する子どもたちへ

シアタースタイルの児童文化財では、大人が子どもたちの成長を願い、豊かな体験ができるように思いをこめて演じている。その意味において

「優れた文化を伝える」という側面をもっていると言える。一方、子ども自身の価値観や世界観に目を向けることも重要である。子どもたちは身のまわりの環境に興味・関心を持ち、遊びの中でさまざまな体験をしている。そういった子どもの生活体験そのものが文化を獲得していく環境となりうる。

　保育者が音楽シアターを演じた後、保育室の一角にペープサート劇場や軍手シアターコーナーを設定すると、子どもたちは自由な活動の時間にそれらを手に取り、繰り返し再現し、新しいせりふや歌をつくって遊ぶ。

　このような姿は「幼稚園教育要領」の「第2章　ねらい及び内容」領域「表現」に示された、以下の箇所につながる。

> **表現**
> 感じたことや考えたことを自分なりに表現することを通して、豊かな感性や表現する力を養い、創造性を豊かにする。

　このように、音楽シアターを通して、鑑賞から表現へ子ども自身が児童文化の主体となる営みを大切にしたい。

［手作り教材協力：西巣鴨さくらそう保育園　保育士・佐藤　舞］

【引用文献及び参考文献】
市毛愛子「シアタースタイルの児童文化財」川勝泰介・浅岡靖央・生駒幸子編著『ことばと表現力を育む 児童文化』萌文書林、2013年
小川清実編『演習 児童文化――保育内容としての実践と展開』萌文書林、2010年
関雅子『おいでおいでパネルシアターであそぼ』大東出版社、2008年、pp.14-19
藤田佳子「パネルシアターの歴史（1）――創始者古宇田亮順とパネルシアター」『淑徳短期大学研究紀要』第52号、2013年、pp.181-196
藤田佳子・松家まきこ・松原健司「パネルシアターの活用法と今後の展望」国際経営・文化研究Vol.20、No.1、2015年、pp.233-246
中谷真弓「幼児教育におけるエプロンシアターの意義」『武蔵野短期大学研究紀要』第4輯、1989年、pp. 135-144
文部科学省『幼稚園教育要領〈平成29年告示〉』フレーベル館、2017年

（赤津　裕子）

第13章 音楽と物語の融合

第1節 お話と音

　音楽に合わせて身体を動かしたり歌ったり、あるいは楽器を奏でたりなど、さまざまな音楽表現活動を考えたとき、音楽を深く捉えることで情感豊かな表現活動になっていく。音楽を捉えるとき音素材だけを聴いて捉えるのではなく、視覚的なもの（絵、映像、動きなど）や言葉（歌詞、詩、物語など）など他の感覚の援助があることでよりイメージが膨らみ音楽全体を捉えやすくなる。また、絵やストーリーを捉えるときに音楽が入っていることで、より深く理解できる場合もある。

　ここでは音楽と物語（お話）の相互関係をいかした保育の中での表現活動を解説する。いずれも、子どもの年齢による身体や心や言葉の発達を考慮して、子どもの様子をよく見ながら展開することが前提である。

1 擬音語・擬態語

　絵本の読み聞かせや紙芝居など保育の中で子ども達はたくさんのお話と出会っている。まず、お話の中の音を考えてみよう。お話の中では「トントン」「パンパン」「ドシーン」「ピカピカ」「カチカチ」「ころころ」「そろりそろり」……さまざまな言葉が使われている。「しとしと」「パラパラ」「ぽたぽた」「ぴちょぴちょ」「ザーザー」……と、その言葉の音から雨の降っている様子をイメージする。このような擬音語・擬態語は、お話の中でもっとも身近な「音」といえる。お話の中で擬音語・擬態語を「音」として捉えてリズムよく表情豊かに発することで生き生

きとしたお話になっていく。保育者が魅力的に発したこの「音」は興味深く伝わり子ども達も真似をする。気に入って表現した「音」は好きなだけ反復して子ども達と一緒に声を合わせて言ってみる。

　そのとき抑揚がつき、自然と節がついたなら、子ども達から発せられたその節は大切に口ずさんでいきたい。お話と結びついた言葉遊びの楽しさが「音」への意識付けとなる。

2　歌の挿入

　お話の中に歌を入れて、お話の世界を進める展開を考えてみよう。お話に参加することで、お話との距離が縮まり親近感が増すだけでなく、みんなで歌うことで高揚感も増し、お話を一緒に聞いているみんなとの一体感も増し、みんなと一緒に表現することの楽しい経験を積むこととなる。

(1) お話の場面の歌

　お話の中に出てくる音や言葉ではない部分に歌を入れて、お話の世界を進めることができる。お話の中で同じようなシチュエーションが繰り返される場面や主人公を応援するような場面で効果的である。

〔例1〕『ブレーメンのおんがくたい』（グリム原作）

　　一緒にブレーメンへ行く仲間が1匹ずつふえる場面
　　「ブレーメン　ブレーメン　ブレーメンへいこう……」
　　譜例13-1

（筆者作）

〔例2〕『はだかのおうさま』（アンデルセン原作）

　　登場人物たちが魔法の服を見た時に本当の気持ちをつぶやく場面
　　「みえません　みえません　ほんとは　ほんとは　みえません」
　　譜例13-2

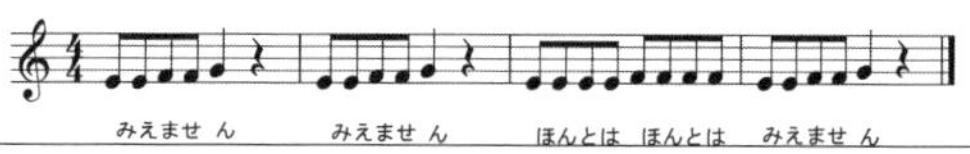

（筆者作）

(2) お話の言葉に合わせる歌

お話の中に出てくるせりふに合わせて歌うことができる。

〔例3〕『ともだちや』（内田麟太郎作、降矢なな絵）

「ともだちは　いりませんか　さみしいひとは　いませんか……」
お話の中で、キツネが何度も言うせりふである。歌（**譜例13-3**）にして、一緒に歌うことで、お話に参加してキツネの気持ちの変化を自分のことのように捉える助けとなる。同じメロディを、場面によってさまざまな心情で歌うことでいろいろな感情を知り表現することとなる。

譜例13-3

（詞・内田麟太郎、曲・筆者）

絵本のお話を歌で展開するようにつくられた作品もある。絵本を読むのと同じように保育者が奏でて伝える。子ども達が気に入っておぼえたところは一緒に歌うことで、お話にも音楽にも主体的に関わっていくこととなり意欲を持って表現することとなる。

〔例4〕『はらぺこあおむし』（エリック・カール原作）

絵本に音楽をつけて歌いながら、お話を進める。
『いっしょに歌おう！エリック・カール絵本うた』（新沢としひこ作曲）

3　効果音

お話の中で擬音語・擬態語や描写されているものを、声だけでなく身の回りの物や自然の素材や楽器などを使って、実際に音を出して効果音をつけてみる。子ども達の発想に任せて、楽しんで音を探す過程を大切にしたい。正解の音はなく、イメージを共有し、お話の世界が広がっていくことがねらいになる。お話の世界を想像するときに、音も自由に想像できる力を育みたい。

また、お話の中では音が鳴っていないが、状況説明で音を使うことにより、お話がわかりやすくなり、イメージしやすくなることもある。

〔例5〕『すてきな三にんぐみ』（トミー・アンゲラー原作）

> 主人公たちが使う小道具として「ラッパじゅう」「こしょう・ふきつけ」「おおまさかり」が出てくるが、この道具を使ったときの音の描写はない。ウィップクラック、パフパフラッパ（クラクション）、ビブラスラップ等で雰囲気に似合った音を入れることで、より興味深く捉えられる。

また、「いったいどんな音がするのかしら」と、お話を想像しながら声で言ってみたり、身の回りの物や楽器で音を探したりすると、音を発想する楽しさを知り創造性を豊かにする力を育む。

4　無音

お話の内容や展開によっては、具体的な音を鳴らさず、語り口調や挿絵等からの方が、よりイメージを膨らますことができる場合もある。「…とんとんとん、今度は何の音でしょう…」や「…じっとみつめています…」等の場面。いつでも音をつけるというのではなく、具体的な音がイメージの援助として有効かどうか考えなくてはならない。

第2節　お話の中の音楽

1　お話と動き

お話を聞く中で、身体表現が入ることにより臨場感が増す場合もある。「……スプーンでパクッ……」や「……ブッブーと車に乗っていきます……」などお話の場面を一緒にまねして、ジェスチャーするのもよい。その子ども達の身体表現に音楽を同期させて合わせることで、より楽しい活動となる。

また、お話のせりふに合わせるのではなく、その雰囲気の音楽に合わせる身体表現を入れることも有効である。例えば「……踊りだしました……」「……一生懸命運んでいます……」「……みんなで作りはじめました……」等の場面。そこではお話に「間(ま)」をおき、場面にあった音楽で自由に動きながら場面を想像する「間」となる。

　登場人物になって同じような動きをすることでその気分になり、登場人物の気持ちに寄り添うことができる。また、お話を離れてその場面の曲を聴くと、音楽とともにその時の気分やお話を想像することができる。

〔例6〕『ぞうくんのさんぽ』（なかのひろたか作・絵）

　ぞうくんとさんぽする場面では、いつも曲（**譜例13-4**）を入れて、音楽を聴きながら好きなように身体表現をする。
　音楽に合わせて足踏みしたり、ゆらゆらゆれたり、指で歩くまねをしたり等、登場人物になって散歩している気分になる。ぞうくんひとりでの散歩、かばくんといっしょにいく散歩、「ちからもちだね」と褒められての散歩等、気分の変化を感じた表現ができて、お話との一体感が出てくる。
　音楽と動きによってお話を身近に捉え、楽しんでいる登場人物の気持ちに寄り添うことができる。

譜例13-4

2　歌のお話

　歌唱曲の中には、歌詞にストーリー性のあるものがある。『メリーさんの羊』『犬のおまわりさん』『あめふりくまのこ』『どんぐりころこ

ろ』『森のくまさん』等、歌詞がお話になっている。

　この場合の展開として「歌詞」をより具体的に「お話」として理解すると、歌う表現活動も情感豊かな広がりを持つようになる。また、印象深く音楽を覚えることで、自分ひとりでも音楽を思い出して楽しむことができる。保育者自身もお話として捉えることによって理解が深まり、音楽表現に広がりがでて自身の表現力も豊かになる。

　パペット、ペープサート、指人形、エプロンシアター、パネルシアター、紙芝居等、視覚的素材を併用してストーリーを印象づけると、よりイメージがしやすく理解しやすくなる。

〔例7〕『メリーさんのひつじ』（ヘイル作曲、高田三九三日本語詞）

　　　　メリーさんと、かわいがっている羊さんとが学校に行った一日のお話で、生徒や先生も登場していろいろな表情が出てくる。音楽は短く、複雑ではないので、各場面に合わせて伴奏形、テンポ、強弱等を工夫して表情豊かに演奏する。聴いている子ども達の様子を見ながら、お話や間奏の長さ等を自在に調節できるようにしておく。

　　①【話】広い草原に住んでいるメリーさんという女の子は、羊を飼っていました。メリーさんの羊の毛は、まっ白でふわふわです。「メェ〜メェ〜」と、かわい声で鳴きます。
　　　【歌】「メリーさんのひつじ　メェメェ　ひつじ　メリーさんのひつじ　まっ白ね」

　・「メェメェ」の鳴き声のまね
　・「ふわふわ」を手で表現

　　②【話】メリーさんと羊さんはとてもなかよしです。メリーさんの行くところにはどこでもついていきます。
　　　【歌】「どこでもついていく　メェメェ　ついていく　どこでもついていく　かわいいわね」

　・メリーさんが歩くと、後ろから羊さんがついて来る様子を音楽に合わせて歩いたり、パペットや指で追いかけっこしたりして遊ぶ。
　・ピアノ伴奏は、1番より少し活動的な伴奏にする……（後略）

お話が印象に残ると、歌詞も覚えやすい。羊を可愛がる女の子メリーさん、メリーさんが大好きなまっ白な羊さん、「アハハ」と笑う楽しい生徒たち、生徒たちが笑って笑っていつまでも静かにならないのでカンカンに怒って羊さんを追い出してしまう先生、という登場人物もそれぞれが明確になる。状況や登場人物を理解した上で歌うときには、その雰囲気や気分を感じ取り、人物それぞれの心情に寄り添い、その気持ちになって歌うことができる。

お話をするときの重要なポイントは、子ども達に情景や登場人物のことをよくわかってもらえるような話の仕方をすることである。話のスピードや間の取り方、語調や語勢等、子ども達に喜怒哀楽がはっきりわかるような言葉の伝え方で表現し、子ども達が、その保育者の表情をまねたいと思うような気持ちのこもった表現が望まれる。それと同様に、保育者が歌を歌うときにも気持ちのこもった表情・表現で歌いたい。

3 音楽からイメージを広げる

子ども達がお話の場面や心情をしっかり捉えたら、お話や視覚的素材を離れて歌う活動でもそのイメージや心情を持って歌うことができる。さらには、ストーリーに沿って歌詞を付けずに弾く保育者の表情豊かなピアノ演奏を聴くだけでも、ストーリーのイメージを思い出し、音楽の表情を感じ取ることができる。音楽からさまざまにイメージを広げることができる感性を育むことで、感じたことを表現する力も養われる。

子ども達が、音や音楽の表情を感じ取り、興味を持って受けとめて自由な発想で表現できる楽しい体験を積んでもらいたい。

4 劇あそび等

保育の中の音楽と、他の領域との総合的な活動として「劇あそび」「オペレッタ」「ミュージカル」等がある。これらは人間関係、環境、言葉、表現の中の造形や動き、全てが関わり合う作品となる。自分とは異

なる者になってみて演じること、友だちと共感して一緒に表現する楽しさ、自分の表現を他者に認められる喜び、ひとつのことをやり遂げる達成感等、子どもの成長を育むさまざまな要素が豊富に含まれた貴重な体験となる。

この活動では保育者は作品の完成度の高さを求めるあまり、教え込ませたり、演じさせたり、そろえさせたりということにおちいらないように、注意を払わねばならない。子ども達が自発的に楽しみながら作品を作り上げる表現活動の過程を大切に育むことから離れてはならない。

【引用・参考文献】
内田麟太郎作、降矢なな絵『ともだちや』偕成社、1998年
エリック・カール原作、もりひさし訳詞『はらぺこあおむし』偕成社、1976年
エリック・カール原作、もりひさし訳詞、新沢としひこ作曲『いっしょに歌おう！エリック・カール絵本うた』コンセル、2007年
トミー・アンゲラー作、今江祥智訳『すてきな三にんぐみ』偕成社、1969年
なかのひろたか作・絵、なかのまさたかレタリング『ぞうくんのさんぽ』福音館書店、1968年
谷田貝公昭監修、三森桂子編著『音楽表現』（新・保育内容シリーズ５）一藝社、2010年
平田智久、小林紀子、砂上史子編著『保育内容「表現」』（最新保育講座11）ミネルヴァ書房、2010年
アンデルセン原作『はだかのおうさま』
グリム原作『ブレーメンのおんがくたい』
高田三九三日本語詞・ヘイル作曲「メリーさんの羊」
佐藤義美作詞・大中恩作曲「犬のおまわりさん」
鶴見正夫作詞・湯山昭作「あめふりくまのこ」
馬場祥一作詞・アメリカ民謡『森のくまさん』
青木存義作詞・梁田貞作曲『どんぐりころころ』

（井本 英子）

第14章 保育者に必要とされる音楽理論

第1節 基礎知識

1 譜表と音名

　保育の音楽においてよく使用される譜表は、高音部譜表、低音部譜表、大譜表である。それぞれの譜表に示した音はすべて《中央ハ》である。

　音名とは、それぞれの高さの音に付けられた音の固有名のことである。名称は各国によって異なる。以下に主なものを示す。

(1) 幹音（変化記号によって変化されていない音）

(2) 派生音（変化記号によって変化された音）

2 変化記号

(1) 変化記号と本位記号

♯	嬰記号	シャープ	半音高くする
♭	変記号	フラット	半音低くする
×	重嬰記号	ダブルシャープ	半音2個分高くする
♭♭	重変記号	ダブルフラット	半音2個分低くする
♮	本位記号	ナチュラル	変化記号で変化した音を元の音に戻す

(2) 変化記号の使われ方

変化記号の使われ方には、①調号②臨時記号の2種類がある。

①調号としての変化記号

特定の調を表す♯、♭のこと。音部記号（ト音記号やヘ音記号）のすぐ右側に付く。

《調号の効力》調号は一曲を通じて、同じ音名の全ての音に効力がある。

②臨時記号としての変化記号

曲の途中で臨時に出てくる♯、♭、×、♭♭、♮ のこと。音符のすぐ左側に付く。

《調号の効力》
A）臨時記号の付いている音に効力がある。
B）臨時記号の付いている音以降の、同じ小節で同じ音（高さ、音名）に効力がある。
C）臨時記号の付いている音に、更に新しく臨時記号が付く場合は最新の臨時記号のみが有効になる。
D）調号の付いている音に臨時記号が付く場合、調号より臨時記号の効力が有効となる。

以上をまとめると、次のようになる。

①嬰ハ ②変ホ ③ハ ④ハ ⑤イ ⑥嬰イ ⑦重嬰イ ⑧重嬰イ ⑨イ ⑩嬰ヘ

3 音価（音符と休符）と拍子

(1) 音価

音符の長さや、休符の長さの割合を音価という。右に基本となる単純音符、単純休符を示す。

このほかによく使用されるものは、右の通りである。

音符	名称	四分音符を1拍とした時の拍数	休符	名称
𝅝	全音符	4拍	𝄻	全休符
𝅗𝅥	二分音符	2拍	𝄼	二分休符
♩	四分音符	1拍	𝄽	四分休符
♪	八分音符	1/2拍	𝄾	八分休符
♬	十六分音符	1/4拍	𝄿	十六分休符
	三十二分音符	1/8拍		三十二分休符
	六十四分音符	1/16拍		六十四分休符

付点音符	♩. = ♩ + ♪	♩. = ♩ + ♪
複付点音符	♩.. = ♩ + ♪ + ♬	♩.. = ♩ + ♪ + ♬
三連符	♩♩♩ = ♩	♩♩♩ = ♩

(2) 拍子

拍子の表記方法は、拍子記号による方法と分数の2種類の表し方がある。拍子記号では次の2種類がよく用いられ、𝄴=4/4、𝄵=2/2、を表す。分数による場合、分母は一拍とする音符の種類、分子は1小節内の拍数を表す。

[例]　3/4は、四分音符を一拍として、1小節内に3拍ある拍子。
　　　6/8は、八分音符を一拍として、1小節内に6拍ある拍子。

また拍子は、単純拍子（2/4、3/4、4/4等）、複合拍子（6/4、6/8、9/8等）、混合拍子（5/4、7/4、5/8等）の3種類に分類される。

第2節　音楽理論

1　音程

音程とは、音と音との隔たり（距離）のことである。度数とその前に冠せられる言葉（完全、長、短、増、減、重増、重減）で表す。音程には、完全系の音程（1・4・5・8度）と長短系の音程（2・3・6・7度）の2種類がある。

(1) 度数の数え方

度数とは、2音間が何個の幹音にわたっているかを示すものである。その幹音の個数に、度を付けて数える。したがって0度はない。

(2) 度数に冠せられる言葉の変化

①幹音どうしによる音程

半音の数によって冠せられる言葉が決定する。

※幹音どうしによる1度・8度に冠せられる言葉は、すべて「完全」となる。

度数＼半音の数	0個	1個	2個
2度・3度	長	短	―
4度	増	完全	―
5度	―	完全	減
6度・7度	―	長	短

※半音とは、西洋音楽での音程の最小単位であり、全音の半分の音程、つまり隣接する鍵盤どうしの関係である。

②派生音による音程

幹音どうしによる音程を基点として、半音単位で冠せられる言葉が変化する。

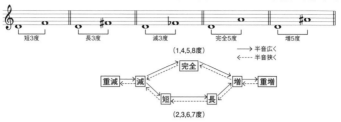

(3) 転回音程

音程を構成する音のうち、高い音をオクターブ下に、または低い音をオクターブ上に移して、音の上下関係を反対にすることを転回音程という。

なお、この結果生じる転回音程と原音程の関係は次のようになる。

2 音階

音階とは、ある音を起点として、1オクターヴ上の同名の音に達するまで、特定の秩序に従って配列された音列のことである。音階の第ⅰ音を主音、第ⅳ音を下属音、第ⅴ音を属音、第ⅶ音を導音、と呼ぶ。音階は長音階と短音階に大別できる。さらに短音階は3種類ある。

(1) 長音階

(2) 短音階

①自然的短音階（短音階の原型）

②和声的短音階（和音[伴奏]によく使用される。自然短音階の第ⅶ音が半音上がったもの。）

③旋律的短音階
(旋律［メロディー］によく使用される。上行形は、自然短音階の第ⅵ・ⅶ音が半音上がったもの。下行形は自然短音階と同じ。)

【参考：各調の調号と主音】

なお、長音階と和声的短音階の上に3度ずつ2つの音を積み重ねてできた和音を、音階上の三和音という。音階上の三和音のうち、Ⅰ・Ⅳ・Ⅴ度の和音を主要三和音という。主要三和音は童謡の伴奏でよく用いられる。

①長音階上の三和音 (例：ハ調長音階)

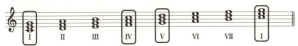

②和声的短音階上の三和音 (例：イ調和声的短音階)

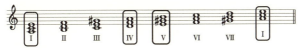

3 近親調

近親調とは、互いに共通する音を多く持っている調の関係のことである。楽曲の途中で転調する場合、その多くが近親調への転調である。

主な近親調は次の通りである。

(1) 平行調

同じ調号を持つ長調と短調。長調の短3度下が短調になる。

　　［例］ ハ長調とイ短調、ト長調とホ短調、ヘ長調とニ短調など。

(2) 同主調

同じ主音を持つ長調と短調。

　　［例］ ハ長調とハ短調、ニ長調とニ短調、ホ長調とホ短調など。

(3) 属調

ある調（主調）の属音を主音とする調、つまり完全5度上の調。

　　[例]　ハ長調の属調はト長調、ト長調の属調はニ長調、　ニ短調の属調はイ短調、

　　　　　イ短調の属調はホ短調など。

(4) 下属調

ある調（主調）の下属音を主音とする調、つまり完全5度下の調。

　　[例]　ニ長調の下属調はト長調、ト長調の下属調はハ長調、ホ短調の下属調はイ短調、

　　　　　イ短調の下属調はニ短調など。

4　さまざまな用語・記号

(1) 反復記号　※譜例中の数字は演奏順序である。

　①②リピート

　記号の間を繰り返す。曲の最初から繰り返す場合は、片方の記号は省略される。

　③1番括弧、2番括弧

　まずは1番括弧を演奏し、繰り返したあとは1番括弧を演奏せずに2番括弧へ進む。

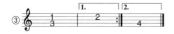

　④D.C.（ダ・カーポ）

　D.C.から最初へ戻って演奏し、Fine（フィーネ）で終わる。

　⑤D.S.（ダル・セーニョ）

　D.S.から 𝄋（セーニョマーク）へ戻って演奏し、Fine（フィーネ）で終わる。

　⑥ ⊕（ヴィーデ）

　次の ⊕ へとんで演奏する。この場合はリピートして最初に戻った後、⊕ から ⊕ へとんで演奏する。

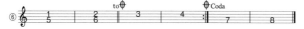

(2) 速度・発想・奏法などに関する記号

用語や記号	読み方	意味	種類
a tempo	ア・テンポ	もとの速さで	速度
accelerando(accel.)	アッチェレランド	だんだん速く	速度
ad libitum(ad lib.)	アド・リビトゥム	自由に	速度
adagio	アダージョ	ゆるやかに	速度
allegretto	アレグレット	やや速く	速度
allegro	アレグロ	速く	速度
andante	アンダンテ	ゆっくり歩くような速さで	速度
animato	アニマート	元気な、生き生きと	速度・発想
appassionato	アパッショナート	熱情的に	発想
cantabile	カンタービレ	歌うように	発想
con moto	コン・モート	動きをつけて、速めに	速度・発想
dolce	ドルチェ	甘くやわらかに	発想
espressivo	エスプレッシーヴォ	表情豊かに	発想
grave	グラーヴェ	重々しく、荘重におそく	発想
largo	ラルゴ	幅広くゆるやかに	速度
legato	レガート	音と音の間を滑らかにつなげて	奏法
leggiero	レッジェーロ	軽く	発想
lento	レント	ゆるやかに	速度
marcato	マルカート	一つ一つの音をはっきりと	奏法
meno mosso	メノ・モッソ	今までより遅く	速度
moderato	モデラート	中ぐらいの速さで	速度
molto	モルト	非常に	その他
piu	ピウ	よりいっそう	その他
piu lento	ピウ・レント	よりいっそうゆるやかに	速度
piu mosso	ピウ・モッソ	今までより速く	速度
poco	ポーコ	少し	その他
poco a poco	ポーコ・ア・ポーコ	少しずつ	その他
presto	プレスト	急速に	速度
quasi	クワジ	ほとんど、…のように	その他
rallentando(rall.)	ラレンタンド	だんだんゆるやかに	速度
risoluto	リゾルート	決然と、きっぱりと	発想
ritardando(rit.)	リタルダンド	だんだん遅く	速度
ritenuto(riten.)	リテヌート	急に遅く	速度
sempre	センプレ	常に	その他
simile	シーミレ	(前と)同様に	その他
stringendo(string.)	ストリンジェンド	だんだんせきこんで	速度
subito	スービト	すぐに	その他
tempo rubato	テンポ・ルバート	テンポを柔軟に伸縮させて	速度
temto primo(tempo I)	テンポ・プリモ	最初の速さで	速度
tranpuillo	トランクィッロ	静かに	発想
vivace	ヴィヴァーチェ	活発に速く	速度
> ∧	アクセント	目立たせて、強調して	奏法
♩	スタッカート	その音を短く切って	奏法
♩	テヌート	その音の長さを十分に保って	奏法
𝄐	フェルマータ	その音符(休符)の長さを程よくのばして	奏法
⌢	スラー	異なる高さの二つ以上の音をなめらかに	奏法
⌢	タイ	同じ高さの二つの音をつなぐ	奏法

(3) 強弱に関する記号

ピアニッシッシモ	ピアニッシモ	ピアノ	メッゾピアノ	メッゾフォルテ	フォルテ	フォルテッシモ	フォルテッシッシモ
ppp	pp	p	mp	mf	f	ff	fff

弱 ←――――――――――――――――――――――――――――――→ 強

cresc.(crescendo)	クレシェンド	だんだん強く
decresc.(decrescendo)	デクレシェンド	だんだん弱く
dim.(diminuendo) *dim.*	ディミヌエンド	だんだん弱く
fp	フォルテピアノ	強く直ちに弱く
fz	フォルツァンド	特に強く

第3節 音楽的表現力の必要性

　子どもの音楽表現活動は、さまざまなときに、さまざまなところで行われている。保育者は、子どもの歌を弾き歌いしたり、既成の曲を演奏したりすることもたくさんあるだろう。また、保育者は子どもたちのお手本であり、保育者の奏でる音程やリズムは、そのまま子どもたちへ伝わる。

　したがって、楽譜を正確に読み取ることは最低限必要なことである。そして楽譜からは、作曲者や作詞者の思いをもくみ取ることができる。その思いが込められた音楽が心へ伝わり、楽しさを味わうことができたときに、初めて"音を楽しむ音楽"になり、子どもたちの豊かな情操を育むことができるのである。

　さらに音や音楽は、その人自身の表れであり、その人の存在意義にも通ずる。子どもたちの音や音楽に対する興味関心の"芽"に気付き、その成長のサポートをすることが保育者の役割のひとつであろう。

　この章で取り扱った音楽理論とは、音楽を楽譜へ記すときの約束事である。これらの知識や技術は、内面的世界を表現するための手段である。保育者として自身の音楽表現力を養うためには、実際に良い音や音楽を聴いたり、奏でたりするなどの音楽経験を数多く積むことが大切である。子どもたちの表現を受け止めて豊かな心を育むために、保育者として必要とされる音楽の知識と技術を習得し、より豊かな音楽表現力を養って欲しい。

【参考文献】
　石桁真礼生、末吉保雄、丸田昭三、飯田隆、金光威和雄、飯沼信義『楽典――理論と実習』音楽之友社、1965年
　音楽之友社編『標準音楽辞典』音楽之友社、1966年
　岸辺成雄編『音楽大事典』(全6巻)平凡社、1983年
　ジョージ・グローヴ編、柴田南雄・遠山一行総監修『ニューグローヴ世界音楽大事典』(全20巻、別巻3)講談社、1994年

（内山 尚美）

第15章 ピアノ伴奏法の工夫

第1節 コード伴奏の基本

1 音名について

(1) コード学習に必要な英語の音名

コード伴奏を行うために最初に必要なことは、英語の音名（音の名前）を覚えることである**(図表15-1)**。

図表15-1　英語の音名

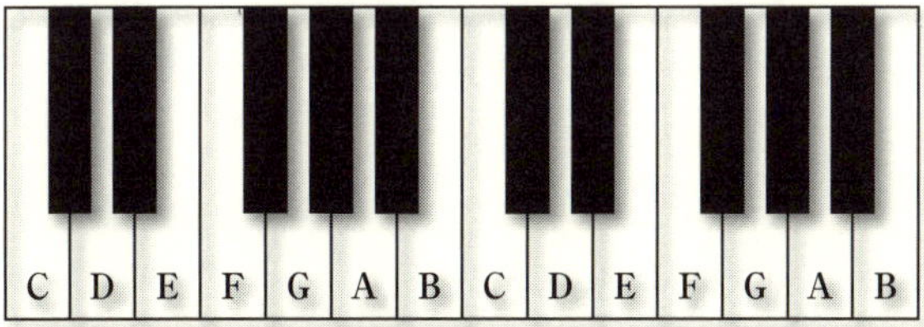

(2) 音名を覚えるにあたり注意する点

日本語の音名「ハニホヘトイロハ」に相当する英語の音名は、「CDEFGABC」である。日本語の音名が「イロハニホヘト」ではなく「ハニホヘトイロハ」であるのと同様に、英語の音名も「ABCDEFG」ではなく「CDEFGABC」であること、つまり「ド」の音が「C」であることに注意する点が大切である。

2 鍵盤の仕組みを使ってコードを考える

(1) 鍵盤の仕組みについて

ピアノの鍵盤は「白鍵（はっけん）」と「黒鍵（こっけん）」の2つの部分で成り立っている。

この鍵盤1本を「音の階段」と考えてみる。この「音の階段」は全て同じ高さの階段でつくられている。これは、現代のピアノがセントという単位を用いて半音を100セントずつに等分割した「平均律(へいきんりつ)」という音律で調律されているためである。次に「音の階段」を使ってコードの仕組みを考えてみる。

(2)「音の階段」について

　例えば、「C（ド）」の音から「G（ソ）」の音までの距離は、以下のように8本の鍵盤で成り立っている。先に述べたように、この8本の鍵盤は、全て等しい間隔でできているため、これを等間隔の「音の階段」と考えてみる(**図表15-2**)。

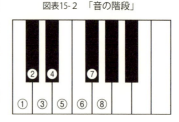

図表15-2　「音の階段」

(3)「音の階段」の数え方

　先の①〜⑧の鍵盤図を使って実際に音の階段を数えてみると、「C」〜「E」までの音は、①〜⑤の5本の鍵盤で成り立っていることがわかる。同様に、「E」〜「G」までは、⑤〜⑧の4本の鍵盤で成り立っていることがわかる。

(4) コードの仕組みについて

　五線の線上、あるいは間に、等間隔で3つの音が重なった状態を「コードの基本形」という。そして、コードネームは、このコードの基本形のいちばん下の音（根音(こんおん)）の音名を用いて表す。

　先程の「C」〜「E」と「E」〜「G」の音を重ねるとCのコードができる(**図表15-5**)。

　同様に「F」〜「A」と「A」〜「C」の音を重ねるとFのコードができる(**図表15-6**)。

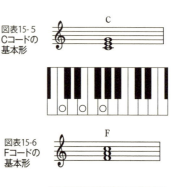

これを「長三和音（Major Triad）」といい、このコードのコードネームは「C」と表記される**(図表15-7)**。

図表15-7
長三和音

同様に、「C」～「E♭（ミの♭）」と「E♭」～「G」の音の重なりを考えてみよう。すると、長三和音と反対の組み合わせ、つまり4本の鍵盤＋5本の鍵盤で成り立っていることがわかる。これを「短三和音（Minor Triad）」といい、コードネームは「Cm」と表記される**(図表15-8)**。

図表15-8
短三和音

〔まとめ〕
　　5本の鍵盤　＋　4本の鍵盤　＝　長三和音
　　4本の鍵盤　＋　5本の鍵盤　＝　短三和音

(5) コード譜と単音跳躍伴奏について

メロディの上部にコードネームを記した楽譜を「コード譜」と言う。それでは、コードネームを見ながら、「きらきら星」（原曲はフランス民謡）を演奏してみよう**(次ページ①参照)**。

次に、左手の伴奏を全て二分音符で弾いてみよう。基本はコードの根音（ルート）で演奏可能である。ただし、3小節目の最初の「B」のように、根音は「G」であるが、メロディラインとの調和で根音以外の音を使用することもある**(次ページ②参照)**。

さらに、左手の伴奏のリズムを付点にしたり、メロディが長くのびている場所で左手にコード以外の音を使って変化をつけると、楽しい伴奏をつくることができる**(次ページ③参照)**。

①きらきら星（メロディ）

②きらきら星（単音跳躍伴奏）

③きらきら星（リズム伴奏）

第2節　コードを用いた伴奏の演習

1　コード（和音）伴奏とアルペジオ伴奏

(1) コード伴奏について

次の音型は、和音伴奏の代表的なものである。

図表15-9　コード伴奏の音型の種類

(2) アルペジオ伴奏について

「アルペジオ」とはコード（和音）を1音ずつバラバラに演奏することで、次のものは代表的なアルペジオの伴奏型である。

図表15-10　アルペジオの音型の種類

2　両手による弾き語り伴奏について

　ピアノの楽譜は、右手が旋律（メロディ）で、左手が伴奏のかたちが多くみられるが、弾き歌いの伴奏では、旋律をしっかり歌いながら両手で伴奏を行う弾き語り伴奏が有効である。
　弾き語り伴奏は、和音伴奏やアルペジオ伴奏の音域を広げることが可能となり、その結果伴奏の響きが豊かになる。最後に、両手によるコード伴奏とアルペジオ伴奏の課題を演奏してみよう。

(1) **コード伴奏課題**

ウオーミングアップ①

作曲：東ゆかり

(2) アルペジオ伴奏課題

ウオーミングアップ②

作曲：東ゆかり

〔練習方法〕
　①左手が「根音」である。課題を行う前に、2小節ごとにコードネームを自分で書き込むこと。
　②書きこんだコード進行が「C―F―G_7―C」となっていることを感じながら演奏すること。「G_7」とは、Gの三和音の響きを、さらに豊かにするためにGから7番目の音であるFの音が付け加えられた四和音であり、実際の演奏の中で頻繁に使用されるものである。
　③8小節ごとにリズムパターンが変化していることを感じながら演奏すること。
　④最初はゆっくりのテンポで練習し、慣れてきたら次第にテンポを速めて弾いてみること。
　⑤アルペジオ伴奏は、慣れてきたらペダルをつけてみよう。その際、コードが変わる時に必ずペダルを踏みかえることが大切である。

【参考文献】
　東ゆかり編著『楽しく・やさしく・確実な　歌の伴奏法入門』音楽之友社、1997年
　東ゆかり「必ず弾けるやさしいコード伴奏」八木正一編著『音楽の授業をつくる――音楽科教育法』大学図書出版、2014年
　甲斐彰『楽譜が読める・弾けるステップ20』音楽之友社、2004年
　甲斐彰『超やさしい楽譜の読み方――これだけは覚えよう！ポイント16』音楽之友社、2006年
　鈴木渉『新版ひとりでマスター　新ピアノ伴奏法入門』子どもの未来社、2011年

（東ゆかり）

付録（関連資料）

◎幼稚園教育要領(平成29年 文部科学省 告示) —— 抜粋

第2章　ねらい及び内容
　健康
　人間関係
　環境
　言葉
　表現

◎保育所保育指針(平成29年 厚生労働省 告示) —— 抜粋

第2章　保育の内容
　1　乳児保育に関わるねらい及び内容
　　(1)　基本的事項
　　(2)　ねらい及び内容
　　(3)　保育の実施に関わる配慮事項

　2　1歳以上3歳未満児の保育に関わるねらい及び内容
　　(1)　基本的事項
　　(2)　ねらい及び内容
　　　ア　健康
　　　イ　人間関係
　　　ウ　環境
　　　エ　言葉
　　　オ　表現
　　(3)　保育の実施に関わる配慮事項

〔注〕「保育所保育指針」第2章所収の＜3 3歳以上の保育に関わるねらい及び内容＞については、「幼稚園教育要領」第2章とほぼ同様の内容なので、掲載していない。上記「要領」第2章を参照されたい。

◎幼稚園教育要領 —— 抜粋
（平成29年　文部科学省 告示）

第2章　ねらい及び内容

健康
〔健康な心と体を育て、自ら健康で安全な生活をつくり出す力を養う。〕

1　ねらい
(1) 明るく伸び伸びと行動し、充実感を味わう。
(2) 自分の体を十分に動かし、進んで運動しようとする。
(3) 健康、安全な生活に必要な習慣や態度を身に付け、見通しをもって行動する。

2　内容
(1) 先生や友達と触れ合い、安定感をもって行動する。
(2) いろいろな遊びの中で十分に体を動かす。
(3) 進んで戸外で遊ぶ。
(4) 様々な活動に親しみ、楽しんで取り組む。
(5) 先生や友達と食べることを楽しみ、食べ物への興味や関心をもつ。
(6) 健康な生活のリズムを身に付ける。
(7) 身の回りを清潔にし、衣服の着脱、食事、排泄などの生活に必要な活動を自分でする。
(8) 幼稚園における生活の仕方を知り、自分たちで生活の場を整えながら見通しをもって行動する。
(9) 自分の健康に関心をもち、病気の予防などに必要な活動を進んで行う。
(10) 危険な場所、危険な遊び方、災害時などの行動の仕方が分かり、安全に気を付けて行動する。

3　内容の取扱い
上記の取扱いに当たっては、次の事項に留意する必要がある。
(1) 心と体の健康は、相互に密接な関連があるものであることを踏まえ、幼児が教師や他の幼児との温かい触れ合いの中で自己の存在感や充実感を味わうことなどを基盤として、しなやかな心と体の発達を促すこと。特に、十分に体を動かす気持ちよさを体験し、自ら体を動かそうとする意欲が育つようにすること。
(2) 様々な遊びの中で、幼児が興味や関心、能力に応じて全身を使って活動することにより、体を動かす楽しさを味わい、自分の体を大切にしようとする気持ちが育つようにすること。その際、多様な動きを経験する中で、体の動きを調整するようにすること。
(3) 自然の中で伸び伸びと体を動かして遊ぶことにより、体の諸機能の発達が促されることに留意し、幼児の興味や関心が戸外にも向くようにすること。その際、幼児の動線に配慮した園庭や遊具の配置などを工夫すること。
(4) 健康な心と体を育てるためには食育を通じた望ましい食習慣の形成が大切であることを踏まえ、幼児の食生活の実情に配慮し、和やかな雰囲気の中で教師や他の幼児と食べる喜びや楽しさを味わったり、様々な食べ物への興味や関心をもったりするなどし、食の大切さに気付き、進んで食べようとする気持ちが育つようにすること。
(5) 基本的な生活習慣の形成に当たっては、家庭での生活経験に配慮し、幼児の自立心を育て、幼児が他の幼児と関わりながら主体的な活動を展開する中で、生活に必要な習慣を身に付け、次第に見通しをもって行動できるようにすること。

(6) 安全に関する指導に当たっては、情緒の安定を図り、遊びを通して安全についての構えを身に付け、危険な場所や事物などが分かり、安全についての理解を深めるようにすること。また、交通安全の習慣を身に付けるようにするとともに、避難訓練などを通して、災害などの緊急時に適切な行動がとれるようにすること。

人間関係
〔他の人々と親しみ、支え合って生活するために、自立心を育て、人と関わる力を養う。〕
1 ねらい
(1) 幼稚園生活を楽しみ、自分の力で行動することの充実感を味わう。
(2) 身近な人と親しみ、関わりを深め、工夫したり、協力したりして一緒に活動する楽しさを味わい、愛情や信頼感をもつ。
(3) 社会生活における望ましい習慣や態度を身に付ける。
2 内容
(1) 先生や友達と共に過ごすことの喜びを味わう。
(2) 自分で考え、自分で行動する。
(3) 自分でできることは自分でする。
(4) いろいろな遊びを楽しみながら物事をやり遂げようとする気持ちをもつ。
(5) 友達と積極的に関わりながら喜びや悲しみを共感し合う。
(6) 自分の思ったことを相手に伝え、相手の思っていることに気付く。
(7) 友達のよさに気付き、一緒に活動する楽しさを味わう。
(8) 友達と楽しく活動する中で、共通の目的を見いだし、工夫したり、協力したりなどする。
(9) よいことや悪いことがあることに気付き、考えながら行動する。
(10) 友達との関わりを深め、思いやりをもつ。
(11) 友達と楽しく生活する中できまりの大切さに気付き、守ろうとする。
(12) 共同の遊具や用具を大切にし、皆で使う。
(13) 高齢者をはじめ地域の人々などの自分の生活に関係の深いいろいろな人に親しみをもつ。
3 内容の取扱い
上記の取扱いに当たっては、次の事項に留意する必要がある。
(1) 教師との信頼関係に支えられて自分自身の生活を確立していくことが人と関わる基盤となることを考慮し、幼児が自ら周囲に働き掛けることにより多様な感情を体験し、試行錯誤しながら諦めずにやり遂げることの達成感や、前向きな見通しをもって自分の力で行うことの充実感を味わうことができるよう、幼児の行動を見守りながら適切な援助を行うようにすること。
(2) 一人一人を生かした集団を形成しながら人と関わる力を育てていくようにすること。その際、集団の生活の中で、幼児が自己を発揮し、教師や他の幼児に認められる体験をし、自分のよさや特徴に気付き、自信をもって行動できるようにすること。
(3) 幼児が互いに関わりを深め、協同して遊ぶようになるため、自ら行動する力を育てるようにするとともに、他の幼児と試行錯誤しながら活動を展開する楽しさや共通の目的が実現する喜びを味わうことができるようにすること。
(4) 道徳性の芽生えを培うに当たっては、基本的な生活習慣の形成を図るとともに、幼児が他の幼児との関わりの中で他人の存在に気付き、相手を尊重する気持ちをもって行動できるようにし、また、自然

や身近な動植物に親しむことなどを通して豊かな心情が育つようにすること。特に、人に対する信頼感や思いやりの気持ちは、葛藤やつまずきをも体験し、それらを乗り越えることにより次第に芽生えてくることに配慮すること。
(5) 集団の生活を通して、幼児が人との関わりを深め、規範意識の芽生えが培われることを考慮し、幼児が教師との信頼関係に支えられて自己を発揮する中で、互いに思いを主張し、折り合いを付ける体験をし、きまりの必要性などに気付き、自分の気持ちを調整する力が育つようにすること。
(6) 高齢者をはじめ地域の人々などの自分の生活に関係の深いいろいろな人と触れ合い、自分の感情や意志を表現しながら共に楽しみ、共感し合う体験を通して、これらの人々などに親しみをもち、人と関わることの楽しさや人の役に立つ喜びを味わうことができるようにすること。また、生活を通して親や祖父母などの家族の愛情に気付き、家族を大切にしようとする気持ちが育つようにすること。

環境
〔周囲の様々な環境に好奇心や探究心をもって関わり、それらを生活に取り入れていこうとする力を養う。〕
1 ねらい
(1) 身近な環境に親しみ、自然と触れ合う中で様々な事象に興味や関心をもつ。
(2) 身近な環境に自分から関わり、発見を楽しんだり、考えたりし、それを生活に取り入れようとする。
(3) 身近な事象を見たり、考えたり、扱ったりする中で、物の性質や数量、文字などに対する感覚を豊かにする。

2 内容
(1) 自然に触れて生活し、その大きさ、美しさ、不思議さなどに気付く。
(2) 生活の中で、様々な物に触れ、その性質や仕組みに興味や関心をもつ。
(3) 季節により自然や人間の生活に変化のあることに気付く。
(4) 自然などの身近な事象に関心をもち、取り入れて遊ぶ。
(5) 身近な動植物に親しみをもって接し、生命の尊さに気付き、いたわったり、大切にしたりする。
(6) 日常生活の中で、我が国や地域社会における様々な文化や伝統に親しむ。
(7) 身近な物を大切にする。
(8) 身近な物や遊具に興味をもって関わり、自分なりに比べたり、関連付けたりしながら考えたり、試したりして工夫して遊ぶ。
(9) 日常生活の中で数量や図形などに関心をもつ。
(10) 日常生活の中で簡単な標識や文字などに関心をもつ。
(11) 生活に関係の深い情報や施設などに興味や関心をもつ。
(12) 幼稚園内外の行事において国旗に親しむ。

3 内容の取扱い
上記の取扱いに当たっては、次の事項に留意する必要がある。
(1) 幼児が、遊びの中で周囲の環境と関わり、次第に周囲の世界に好奇心を抱き、その意味や操作の仕方に関心をもち、物事の法則性に気付き、自分なりに考えることができるようになる過程を大切にすること。また、他の幼児の考えなどに触れて新しい考えを生み出す喜びや楽しさを味わい、自分の考えをよりよいものにしようとする気持ちが育つようにすること。

(2) 幼児期において自然のもつ意味は大きく、自然の大きさ、美しさ、不思議さなどに直接触れる体験を通して、幼児の心が安らぎ、豊かな感情、好奇心、思考力、表現力の基礎が培われることを踏まえ、幼児が自然との関わりを深めることができるよう工夫すること。
(3) 身近な事象や動植物に対する感動を伝え合い、共感し合うことなどを通して自分から関わろうとする意欲を育てるとともに、様々な関わり方を通してそれらに対する親しみや畏敬の念、生命を大切にする気持ち、公共心、探究心などが養われるようにすること。
(4) 文化や伝統に親しむ際には、正月や節句など我が国の伝統的な行事、国歌、唱歌、わらべうたや我が国の伝統的な遊びに親しんだり、異なる文化に触れる活動に親しんだりすることを通じて、社会とのつながりの意識や国際理解の意識の芽生えなどが養われるようにすること。
(5) 数量や文字などに関しては、日常生活の中で幼児自身の必要感に基づく体験を大切にし、数量や文字などに関する興味や関心、感覚が養われるようにすること。

言葉

〔経験したことや考えたことなどを自分なりの言葉で表現し、相手の話す言葉を聞こうとする意欲や態度を育て、言葉に対する感覚や言葉で表現する力を養う。〕

1 ねらい
(1) 自分の気持ちを言葉で表現する楽しさを味わう。
(2) 人の言葉や話などをよく聞き、自分の経験したことや考えたことを話し、伝え合う喜びを味わう。
(3) 日常生活に必要な言葉が分かるようになるとともに、絵本や物語などに親しみ、言葉に対する感覚を豊かにし、先生や友達と心を通わせる。

2 内容
(1) 先生や友達の言葉や話に興味や関心をもち、親しみをもって聞いたり、話したりする。
(2) したり、見たり、聞いたり、感じたり、考えたりなどしたことを自分なりに言葉で表現する。
(3) したいこと、してほしいことを言葉で表現したり、分からないことを尋ねたりする。
(4) 人の話を注意して聞き、相手に分かるように話す。
(5) 生活の中で必要な言葉が分かり、使う。
(6) 親しみをもって日常の挨拶をする。
(7) 生活の中で言葉の楽しさや美しさに気付く。
(8) いろいろな体験を通じてイメージや言葉を豊かにする。
(9) 絵本や物語などに親しみ、興味をもって聞き、想像をする楽しさを味わう。
(10) 日常生活の中で、文字などで伝える楽しさを味わう。

3 内容の取扱い
上記の取扱いに当たっては、次の事項に留意する必要がある。
(1) 言葉は、身近な人に親しみをもって接し、自分の感情や意志などを伝え、それに相手が応答し、その言葉を聞くことを通して次第に獲得されていくものであることを考慮して、幼児が教師や他の幼児と関わることにより心を動かされるような体験をし、言葉を交わす喜びを味わえるようにすること。
(2) 幼児が自分の思いを言葉で伝えるとともに、教師や他の幼児などの話を興味をもって注意して聞くことを通して次第に話を理解するようになっていき、言葉に

よる伝え合いができるようにすること。
(3) 絵本や物語などで、その内容と自分の経験とを結び付けたり、想像を巡らせたりするなど、楽しみを十分に味わうことによって、次第に豊かなイメージをもち、言葉に対する感覚が養われるようにすること。
(4) 幼児が生活の中で、言葉の響きやリズム、新しい言葉や表現などに触れ、これらを使う楽しさを味わえるようにすること。その際、絵本や物語に親しんだり、言葉遊びなどをしたりすることを通して、言葉が豊かになるようにすること。
(5) 幼児が日常生活の中で、文字などを使いながら思ったことや考えたことを伝える喜びや楽しさを味わい、文字に対する興味や関心をもつようにすること。

表現

〔感じたことや考えたことを自分なりに表現することを通して、豊かな感性や表現する力を養い、創造性を豊かにする。〕

1 ねらい
(1) いろいろなものの美しさなどに対する豊かな感性をもつ。
(2) 感じたことや考えたことを自分なりに表現して楽しむ。
(3) 生活の中でイメージを豊かにし、様々な表現を楽しむ。

2 内容
(1) 生活の中で様々な音、形、色、手触り、動きなどに気付いたり、感じたりするなどして楽しむ。
(2) 生活の中で美しいものや心を動かす出来事に触れ、イメージを豊かにする。
(3) 様々な出来事の中で、感動したことを伝え合う楽しさを味わう。
(4) 感じたこと、考えたことなどを音や動きなどで表現したり、自由にかいたり、つくったりなどする。
(5) いろいろな素材に親しみ、工夫して遊ぶ。
(6) 音楽に親しみ、歌を歌ったり、簡単なリズム楽器を使ったりなどする楽しさを味わう。
(7) かいたり、つくったりすることを楽しみ、遊びに使ったり、飾ったりなどする。
(8) 自分のイメージを動きや言葉などで表現したり、演じて遊んだりするなどの楽しさを味わう。

3 内容の取扱い

上記の取扱いに当たっては、次の事項に留意する必要がある。
(1) 豊かな感性は、身近な環境と十分に関わる中で美しいもの、優れたもの、心を動かす出来事などに出会い、そこから得た感動を他の幼児や教師と共有し、様々に表現することなどを通して養われるようにすること。その際、風の音や雨の音、身近にある草や花の形や色など自然の中にある音、形、色などに気付くようにすること。
(2) 幼児の自己表現は素朴な形で行われることが多いので、教師はそのような表現を受容し、幼児自身の表現しようとする意欲を受け止めて、幼児が生活の中で幼児らしい様々な表現を楽しむことができるようにすること。
(3) 生活経験や発達に応じ、自ら様々な表現を楽しみ、表現する意欲を十分に発揮させることができるように、遊具や用具などを整えたり、様々な素材や表現の仕方に親しんだり、他の幼児の表現に触れられるよう配慮したりし、表現する過程を大切にして自己表現を楽しめるように工夫すること。

◎保育所保育指針──抜粋
(平成29年　厚生労働省 告示)

第2章　ねらい及び内容

1　乳児保育に関わるねらい及び内容

(1)　基本的事項

ア　乳児期の発達については、視覚、聴覚などの感覚や、座る、はう、歩くなどの運動機能が著しく発達し、特定の大人との応答的な関わりを通じて、情緒的な絆が形成されるといった特徴がある。これらの発達の特徴を踏まえて、乳児保育は、愛情豊かに、応答的に行われることが特に必要である。

イ　本項においては、この時期の発達の特徴を踏まえ、乳児保育の「ねらい」及び「内容」については、身体的発達に関する視点「健やかに伸び伸びと育つ」、社会的発達に関する視点「身近な人と気持ちが通じ合う」及び精神的発達に関する視点「身近なものと関わり感性が育つ」としてまとめ、示している。

ウ　本項の各視点において示す保育の内容は、第1章の2に示された養護における「生命の保持」及び「情緒の安定」に関わる保育の内容と、一体となって展開されるものであることに留意が必要である。

(2)　ねらい及び内容

ア　健やかに伸び伸びと育つ

　健康な心と体を育て、自ら健康で安全な生活をつくり出す力の基盤を培う。

(ア) ねらい

① 身体感覚が育ち、快適な環境に心地よさを感じる。

② 伸び伸びと体を動かし、はう、歩くなどの運動をしようとする。

③ 食事、睡眠等の生活のリズムの感覚が芽生える。

(イ) 内容

① 保育士等の愛情豊かな受容の下で、生理的・心理的欲求を満たし、心地よく生活をする。

② 一人一人の発育に応じて、はう、立つ、歩くなど、十分に体を動かす。

③ 個人差に応じて授乳を行い、離乳を進めていく中で、様々な食品に少しずつ慣れ、食べることを楽しむ。

④ 一人一人の生活のリズムに応じて、安全な環境の下で十分に午睡をする。

⑤ おむつ交換や衣服の着脱などを通じて、清潔になることの心地よさを感じる。

(ウ) 内容の取扱い

　上記の取扱いに当たっては、次の事項に留意する必要がある。

① 心と体の健康は、相互に密接な関連があるものであることを踏まえ、温かい触れ合いの中で、心と体の発達を促すこと。特に、寝返り、お座り、はいはい、つかまり立ち、伝い歩きなど、発育に応じて、遊びの中で体を動かす機会を十分に確保し、自ら体を動かそうとする意欲が育つようにすること。

② 健やかな心と体を育てるためには望ましい食習慣の形成が重要であることを踏まえ、離乳食が完了期へと徐々に移行する中で、様々な食品に慣れるようにするとともに、和やかな雰囲気の中で食べる喜びや楽しさを味わい、進んで食べようとする気持ちが育つようにすること。なお、食物アレルギーのある子どもへの対応については、嘱託医等の指示や協力の下に適切に

対応すること。

イ 身近な人と気持ちが通じ合う

受容的・応答的な関わりの下で、何かを伝えようとする意欲や身近な大人との信頼関係を育て、人と関わる力の基盤を培う。

（ア）ねらい

① 安心できる関係の下で、身近な人と共に過ごす喜びを感じる。
② 体の動きや表情、発声等により、保育士等と気持ちを通わせようとする。
③ 身近な人と親しみ、関わりを深め、愛情や信頼感が芽生える。

（イ）内容

① 子どもからの働きかけを踏まえた、応答的な触れ合いや言葉がけによって、欲求が満たされ、安定感をもって過ごす。
② 体の動きや表情、発声や喃語(なん)等を優しく受け止めてもらい、保育士等とのやり取りを楽しむ。
③ 生活や遊びの中で、自分の身近な人の存在に気付き、親しみの気持ちを表す。
④ 保育士等による語りかけや歌いかけ、発声や喃語(なん)等への応答を通じて、言葉の理解や発語の意欲が育つ。
⑤ 温かく、受容的な関わりを通じて、自分を肯定する気持ちが芽生える。

（ウ）内容の取扱い

上記の取扱いに当たっては、次の事項に留意する必要がある。

① 保育士等との信頼関係に支えられて生活を確立していくことが人と関わる基盤となることを考慮して、子どもの多様な感情を受け止め、温かく受容的・応答的に関わり、一人一人に応じた適切な援助を行うようにすること。
② 身近な人に親しみをもって接し、自分の感情などを表し、それに相手が応答する言葉を聞くことを通して、次第に言葉が獲得されていくことを考慮して、楽しい雰囲気の中での保育士等との関わり合いを大切にし、ゆっくりと優しく話しかけるなど、積極的に言葉のやり取りを楽しむことができるようにすること。

ウ 身近なものと関わり感性が育つ

身近な環境に興味や好奇心をもって関わり、感じたことや考えたことを表現する力の基盤を培う。

（ア）ねらい

① 身の回りのものに親しみ、様々なものに興味や関心をもつ。
② 見る、触れる、探索するなど、身近な環境に自分から関わろうとする。
③ 身体の諸感覚による認識が豊かになり、表情や手足、体の動き等で表現する。

（イ）内容

① 身近な生活用具、玩具や絵本などが用意された中で、身の回りのものに対する興味や好奇心をもつ。
② 生活や遊びの中で様々なものに触れ、音、形、色、手触りなどに気付き、感覚の働きを豊かにする。
③ 保育士等と一緒に様々な色彩や形のものや絵本などを見る。
④ 玩具や身の回りのものを、つまむ、つかむ、たたく、引っ張るなど、手や指を使って遊ぶ。
⑤ 保育士等のあやし遊びに機嫌よく応じたり、歌やリズムに合わせて手足や体を動かして楽しんだりする。

（ウ）内容の取扱い

上記の取扱いに当たっては、次の事項に留意する必要がある。

① 玩具などは、音質、形、色、大きさなど子どもの発達状態に応じて適切なもの

を選び、その時々の子どもの興味や関心を踏まえるなど、遊びを通して感覚の発達が促されるものとなるように工夫すること。なお、安全な環境の下で、子どもが探索意欲を満たして自由に遊べるよう、身の回りのものについては、常に十分な点検を行うこと。
② 乳児期においては、表情、発声、体の動きなどで、感情を表現することが多いことから、これらの表現しようとする意欲を積極的に受け止めて、子どもが様々な活動を楽しむことを通して表現が豊かになるようにすること。

(3) 保育の実施に関わる配慮事項

ア 乳児は疾病への抵抗力が弱く、心身の機能の未熟さに伴う疾病の発生が多いことから、一人一人の発育及び発達状態や健康状態についての適切な判断に基づく保健的な対応を行うこと。

イ 一人一人の子どもの生育歴の違いに留意しつつ、欲求を適切に満たし、特定の保育士が応答的に関わるように努めること。

ウ 乳児保育に関わる職員間の連携や嘱託医との連携を図り、第3章に示す事項を踏まえ、適切に対応すること。栄養士及び看護師等が配置されている場合は、その専門性を生かした対応を図ること。

エ 保護者との信頼関係を築きながら保育を進めるとともに、保護者からの相談に応じ、保護者への支援に努めていくこと。

オ 担当の保育士が替わる場合には、子どものそれまでの生育歴や発達過程に留意し、職員間で協力して対応すること。

2 1歳以上3歳未満児の保育に関わるねらい及び内容

(1) 基本的事項

ア この時期においては、歩き始めから、歩く、走る、跳ぶなどへと、基本的な運動機能が次第に発達し、排泄の自立のための身体的機能も整うようになる。つまむ、めくるなどの指先の機能も発達し、食事、衣類の着脱なども、保育士等の援助の下で自分で行うようになる。発声も明瞭になり、語彙も増加し、自分の意思や欲求を言葉で表出できるようになる。このように自分でできることが増えてくる時期であることから、保育士等は、子どもの生活の安定を図りながら、自分でしようとする気持ちを尊重し、温かく見守るとともに、愛情豊かに、応答的に関わることが必要である。

イ 本項においては、この時期の発達の特徴を踏まえ、保育の「ねらい」及び「内容」について、心身の健康に関する領域「健康」、人との関わりに関する領域「人間関係」、身近な環境との関わりに関する領域「環境」、言葉の獲得に関する領域「言葉」及び感性と表現に関する領域「表現」としてまとめ、示している。

ウ 本項の各領域において示す保育の内容は、第1章の2に示された養護における「生命の保持」及び「情緒の安定」に関わる保育の内容と、一体となって展開されるものであることに留意が必要である。

(2) ねらい及び内容

ア 健康

健康な心と体を育て、自ら健康で安全な生活をつくり出す力を養う。

(ア) ねらい
① 明るく伸び伸びと生活し、自分から体を動かすことを楽しむ。
② 自分の体を十分に動かし、様々な動きをしようとする。
③ 健康、安全な生活に必要な習慣に気付き、自分でしてみようとする気持ちが育つ。

(イ) 内容
① 保育士等の愛情豊かな受容の下で、安定感をもって生活をする。
② 食事や午睡、遊びと休息など、保育所における生活のリズムが形成される。
③ 走る、跳ぶ、登る、押す、引っ張るなど全身を使う遊びを楽しむ。
④ 様々な食品や調理形態に慣れ、ゆったりとした雰囲気の中で食事や間食を楽しむ。
⑤ 身の回りを清潔に保つ心地よさを感じ、その習慣が少しずつ身に付く。
⑥ 保育士等の助けを借りながら、衣類の着脱を自分でしようとする。
⑦ 便器での排泄に慣れ、自分で排泄ができるようになる。

(ウ) 内容の取扱い
上記の取扱いに当たっては、次の事項に留意する必要がある。
① 心と体の健康は、相互に密接な関連があるものであることを踏まえ、子どもの気持ちに配慮した温かい触れ合いの中で、心と体の発達を促すこと。特に、一人一人の発育に応じて、体を動かす機会を十分に確保し、自ら体を動かそうとする意欲が育つようにすること。
② 健康な心と体を育てるためには望ましい食習慣の形成が重要であることを踏まえ、ゆったりとした雰囲気の中で食べる喜びや楽しさを味わい、進んで食べようとする気持ちが育つようにすること。なお、食物アレルギーのある子どもへの対応については、嘱託医等の指示や協力の下に適切に対応すること。
③ 排泄の習慣については、一人一人の排尿間隔等を踏まえ、おむつが汚れていないときに便器に座らせるなどにより、少しずつ慣れさせるようにすること。
④ 食事、排泄、睡眠、衣類の着脱、身の回りを清潔にすることなど、生活に必要な基本的な習慣については、一人一人の状態に応じ、落ち着いた雰囲気の中で行うようにし、子どもが自分でしようとする気持ちを尊重すること。また、基本的な生活習慣の形成に当たっては、家庭での生活経験に配慮し、家庭との適切な連携の下で行うようにすること。

イ　人間関係
他の人々と親しみ、支え合って生活するために、自立心を育て、人と関わる力を養う。

(ア) ねらい
① 保育所での生活を楽しみ、身近な人と関わる心地よさを感じる。
② 周囲の子ども等への興味や関心が高まり、関わりをもとうとする。
③ 保育所の生活の仕方に慣れ、きまりの大切さに気付く。

(イ) 内容
① 保育士等や周囲の子ども等との安定した関係の中で、共に過ごす心地よさを感じる。
② 保育士等の受容的・応答的な関わりの中で、欲求を適切に満たし、安定感をもって過ごす。
③ 身の回りに様々な人がいることに気付き、徐々に他の子どもと関わりをもって遊ぶ。
④ 保育士等の仲立ちにより、他の子どもとの関わり方を少しずつ身につける。

⑤ 保育所の生活の仕方に慣れ、きまりがあることや、その大切さに気付く。
⑥ 生活や遊びの中で、年長児や保育士等の真似をしたり、ごっこ遊びを楽しんだりする。
(ウ) 内容の取扱い
　上記の取扱いに当たっては、次の事項に留意する必要がある。
① 保育士等との信頼関係に支えられて生活を確立するとともに、自分で何かをしようとする気持ちが旺盛になる時期であることに鑑み、そのような子どもの気持ちを尊重し、温かく見守るとともに、愛情豊かに、応答的に関わり、適切な援助を行うようにすること。
② 思い通りにいかない場合等の子どもの不安定な感情の表出については、保育士等が受容的に受け止めるとともに、そうした気持ちから立ち直る経験や感情をコントロールすることへの気付き等につなげていけるように援助すること。
③ この時期は自己と他者との違いの認識がまだ十分ではないことから、子どもの自我の育ちを見守るとともに、保育士等が仲立ちとなって、自分の気持ちを相手に伝えることや相手の気持ちに気付くことの大切さなど、友達の気持ちや友達との関わり方を丁寧に伝えていくこと。

ウ　環境
　周囲の様々な環境に好奇心や探究心をもって関わり、それらを生活に取り入れていこうとする力を養う。
(ア) ねらい
① 身近な環境に親しみ、触れ合う中で、様々なものに興味や関心をもつ。
② 様々なものに関わる中で、発見を楽しんだり、考えたりしようとする。
③ 見る、聞く、触るなどの経験を通して、感覚の働きを豊かにする。
(イ) 内容
① 安全で活動しやすい環境での探索活動等を通して、見る、聞く、触れる、嗅ぐ、味わうなどの感覚の働きを豊かにする。
② 玩具、絵本、遊具などに興味をもち、それらを使った遊びを楽しむ。
③ 身の回りの物に触れる中で、形、色、大きさ、量などの物の性質や仕組みに気付く。
④ 自分の物と人の物の区別や、場所的感覚など、環境を捉える感覚が育つ。
⑤ 身近な生き物に気付き、親しみをもつ。
⑥ 近隣の生活や季節の行事などに興味や関心をもつ。
(ウ) 内容の取扱い
　上記の取扱いに当たっては、次の事項に留意する必要がある。
① 玩具などは、音質、形、色、大きさなど子どもの発達状態に応じて適切なものを選び、遊びを通して感覚の発達が促されるように工夫すること。
② 身近な生き物との関わりについては、子どもが命を感じ、生命の尊さに気付く経験へとつながるものであることから、そうした気付きを促すような関わりとなるようにすること。
③ 地域の生活や季節の行事などに触れる際には、社会とのつながりや地域社会の文化への気付きにつながるものとなることが望ましいこと。その際、保育所内外の行事や地域の人々との触れ合いなどを通して行うこと等も考慮すること。

エ　言葉
　経験したことや考えたことなどを自分なりの言葉で表現し、相手の話す言葉を聞

こうとする意欲や態度を育て、言葉に対する感覚や言葉で表現する力を養う。
(ア) ねらい
① 言葉遊びや言葉で表現する楽しさを感じる。
② 人の言葉や話などを聞き、自分でも思ったことを伝えようとする。
③ 絵本や物語等に親しむとともに、言葉のやり取りを通じて身近な人と気持ちを通わせる。
(イ) 内容
① 保育士等の応答的な関わりや話しかけにより、自ら言葉を使おうとする。
② 生活に必要な簡単な言葉に気付き、聞き分ける。
③ 親しみをもって日常の挨拶に応じる。
④ 絵本や紙芝居を楽しみ、簡単な言葉を繰り返したり、模倣をしたりして遊ぶ。
⑤ 保育士等とごっこ遊びをする中で、言葉のやり取りを楽しむ。
⑥ 保育士等を仲立ちとして、生活や遊びの中で友達との言葉のやり取りを楽しむ。
⑦ 保育士等や友達の言葉や話に興味や関心をもって、聞いたり、話したりする。
(ウ) 内容の取扱い
　上記の取扱いに当たっては、次の事項に留意する必要がある。
① 身近な人に親しみをもって接し、自分の感情などを伝え、それに相手が応答し、その言葉を聞くことを通して、次第に言葉が獲得されていくものであることを考慮して、楽しい雰囲気の中で保育士等との言葉のやり取りができるようにすること。
② 子どもが自分の思いを言葉で伝えるとともに、他の子どもの話などを聞くことを通して、次第に話を理解し、言葉による伝え合いができるようになるよう、気持ちや経験等の言語化を行うことを援助す

るなど、子ども同士の関わりの仲立ちを行うようにすること。
③ この時期は、片言から、二語文、ごっこ遊びでのやり取りができる程度へと、大きく言葉の習得が進む時期であることから、それぞれの子どもの発達の状況に応じて、遊びや関わりの工夫など、保育の内容を適切に展開することが必要であること。

オ　表現
　感じたことや考えたことを自分なりに表現することを通して、豊かな感性や表現する力を養い、創造性を豊かにする。
(ア) ねらい
① 身体の諸感覚の経験を豊かにし、様々な感覚を味わう。
② 感じたことや考えたことなどを自分なりに表現しようとする。
③ 生活や遊びの様々な体験を通して、イメージや感性が豊かになる。
(イ) 内容
① 水、砂、土、紙、粘土など様々な素材に触れて楽しむ。
② 音楽、リズムやそれに合わせた体の動きを楽しむ。
③ 生活の中で様々な音、形、色、手触り、動き、味、香りなどに気付いたり、感じたりして楽しむ。
④ 歌を歌ったり、簡単な手遊びや全身を使う遊びを楽しんだりする。
⑤ 保育士等からの話や、生活や遊びの中での出来事を通して、イメージを豊かにする。
⑥ 生活や遊びの中で、興味のあることや経験したことなどを自分なりに表現する。
(ウ) 内容の取扱い
　上記の取扱いに当たっては、次の事項に留意する必要がある。

① 子どもの表現は、遊びや生活の様々な場面で表出されているものであることから、それらを積極的に受け止め、様々な表現の仕方や感性を豊かにする経験となるようにすること。
② 子どもが試行錯誤しながら様々な表現を楽しむことや、自分の力でやり遂げる充実感などに気付くよう、温かく見守るとともに、適切に援助を行うようにすること。
③ 様々な感情の表現等を通じて、子どもが自分の感情や気持ちに気付くようになる時期であることに鑑み、受容的な関わりの中で自信をもって表現をすることや、諦めずに続けた後の達成感等を感じられるような経験が蓄積されるようにすること。
④ 身近な自然や身の回りの事物に関わる中で、発見や心が動く経験が得られるよう、諸感覚を働かせることを楽しむ遊びや素材を用意するなど保育の環境を整えること。

(3) 保育の実施に関わる配慮事項

ア 特に感染症にかかりやすい時期であるので、体の状態、機嫌、食欲などの日常の状態の観察を十分に行うとともに、適切な判断に基づく保健的な対応を心がけること。

イ 探索活動が十分できるように、事故防止に努めながら活動しやすい環境を整え、全身を使う遊びなど様々な遊びを取り入れること。

ウ 自我が形成され、子どもが自分の感情や気持ちに気付くようになる重要な時期であることに鑑み、情緒の安定を図りながら、子どもの自発的な活動を尊重するとともに促していくこと。

エ 担当の保育士が替わる場合には、子どものそれまでの経験や発達過程に留意し、職員間で協力して対応すること。

【監修者紹介】

谷田貝公昭（やたがい・まさあき）
　目白大学名誉教授
［主な著書］『改訂新版 保育用語辞典』（編集代表、一藝社、2019年）、『新版 実践 保育内容シリーズ［全6巻］』（監修、一藝社、2018年）、『しつけ事典』（監修、一藝社、2013年）、『絵でわかるこどものせいかつずかん［全4巻］』（監修、合同出版、2012年）ほか多数

【編著者紹介】

渡辺厚美（わたなべ・あつみ）
　小田原短期大学保育学科准教授
［主な著書・作曲作品］『新・保育内容シリーズ5　音楽表現』（共著、一藝社、2010年）、『ピアノ連弾組曲　Dance』（作曲初演、2008年）『ピアノのための6つの舞曲』（作曲初演、2008年）ほか

岡崎 裕美（おかざき・ひろみ）
　千葉敬愛短期大学現代子ども学科教授
［主な活動・著書］NHK教育テレビ「なかよしリズム」の歌のお姉さんとして活躍後、保育者対象の音楽表現実技講習を全国で展開。『みんなでてあそび アンパンマンとうたっておどろう』（監修、フレーベル館、2016年）、『改訂新版 保育用語辞典』（執筆、一藝社、2019年）ほか

【執筆者紹介】（五十音順）

赤津裕子（あかつ・ゆうこ）　　　　［第12章］
　竹早教員保育士養成所専任教員

東ゆかり（あずま・ゆかり）　　　　［第15章］
　鎌倉女子大学短期大学部初等教育学科教授

飯泉祐美子（いいずみ・ゆみこ）　　［第6章］
　帝京科学大学教育人間科学部幼児保育学科教授

井本英子（いもと・ひでこ）　　　　［第13章］
　神戸教育短期大学児童教育学科教授

植田恵理子（うえた・えりこ）　　　［第10章］
　高野山大学文学部教育学科准教授

内山尚美（うちやま・なおみ）　　　［第14章］
　静岡英和学院大学人間社会学部コミュニティ福祉学科教授

大坪義典（おおつぼ・よしのり）　　［第7章］
　蒲田保育専門学校専任講師

岡崎裕美（おかざき・ひろみ）　　　［第8章］
　〈編著者紹介参照〉

小澤和恵（おざわ・かずえ）　　　［第3章第2節］
　　埼玉純真短期大学こども学科教授

小澤俊太郎（おざわ・しゅんたろう）　［第3章第1節］
　　埼玉純真短期大学こども学科専任講師

川口潤子（かわぐち・じゅんこ）　　　［第9章］
　　白百合女子大学人間総合学部初等教育学科准教授

小井塚ななえ（こいづか・ななえ）　　［第11章］
　　東洋英和女学院大学人間科学部保育子ども学科講師

小畠エマ（こばたけ・えま）　　　　　［第5章］
　　聖心女子大学学務部教務課保育士養成課程主事

立本千寿子（たてもと・ちずこ）　　　［第2章］
　　兵庫大学生涯福祉学部こども福祉学科准教授

山本　学（やまもと・まなぶ）　　　　［第4章］
　　静岡県立大学短期大学部こども学科専任講師

渡辺厚美（わたなべ・あつみ）　　　　［第1章］
　　〈編著者紹介参照〉

装丁（デザイン）本田いく
　　（イラスト）ふじたかなこ
図表作成　アトリエ・プラン

コンパクト版 保育内容シリーズ⑤
音楽表現

2018年3月30日　初版第1刷発行
2021年9月5日　初版第3刷発行

監修者　谷田貝 公昭
編著者　渡辺 厚美・岡崎 裕美
発行者　菊池 公男

発行所　株式会社 一藝社
〒160-0014 東京都新宿区内藤町1-6
Tel. 03-5312-8890　Fax. 03-5312-8895
E-mail : info@ichigeisha.co.jp
HP : http://www.ichigeisha.co.jp
振替　東京 00180-5-350802
印刷・製本　シナノ書籍印刷株式会社

©Masaaki Yatagai
2018 Printed in Japan
ISBN 978-4-86359-154-7　C3037
乱丁・落丁本はお取り替えいたします

JASRAC 出 1802237-801